Eine Welt
oder keine

Hans Jecklin
Eine Welt oder keine

info@j-kamphausen.de
www.weltinnenraum.de

Lektorat: Nadja Rosmann
Umschlaggestaltung,
Typografie/Satz: Wilfried Klei
Foto Jecklin: Christian Helmle, Thun
Druck & Verarbeitung:
Westermann Druck Zwickau

1. Auflage 2007
Die Deutsche Bibliothek – CIP-Einheitsaufnahme

Ein Titelsatz für diese Publikation
ist bei der Deutschen Bibliothek erhältlich

ISBN 978-3-89901-128-9

Dieses Buch wurde auf 100% Altpapier gedruckt und ist alterungsbeständig.
Weitere Informationen hierzu finden Sie unter www.weltinnenraum.de

Hans Jecklin

Dem Herzen vertrauen

Eine Welt oder keine

Plädoyer für einen globalen Bewusstseinswandel

Geleitwort von Willigis Jäger 7
Stimmen zum Buch 10
Vorwort 12

Prolog – Mut zur Veränderung 16

I Kollaps und Wende 19

1 Ich bin der Weg 20

2 Luft, Wasser und Erde – unser Lebensraum 23
Kollaps oder Wende? 25
Der „(un)happy Planet Index" 27
Trotzdem: Wachstum über alles 29
Erfolg oder Absturz 31
Sehnsucht als Gnade 33
Die Bösen und die Ohnmacht der Guten 35
Paradigmenwechsel: Chaos und Wandel 36
Der innere Kritiker: Dämon und Begleiter 37
Liebe Deinen Nächsten wie Dich selbst! 38

3 Macht und Ohnmacht – Arm und Reich 40
Die Ausbeutung der Machtlosen 41
Die Aussperrung der Ohnmächtigen 43
Pilatus 45
Ein Exkurs: Schuld und Verantwortung 47
Terrorismus: Ein Krieg der Kulturen? 48
Angst – und die Manipulation der Massen 51
Einmal mehr: Von der Ohnmacht zur Liebe 53

4 Out of Africa 57
Mythos, Religion und universelle Spiritualität 59
Die Magie der Gruppe 62
Alles hat zwei Seiten 65
Die Macht der Schattenkräfte 66
Die Metamorphose des Krawattenmythos 67
Der Widerspenstigen Zähmung 69
Die Integration der Sexualität 70
Kollaps und Wende: Stirb und werde! 72

II INTERMEZZO – TRÄUME UND VISIONEN 77
Traum und Vision 78
Die Intelligenz der Zellen: In Gemeinschaft lebt sich's besser 80
Gemeinschaft: Ein Grundmuster der Schöpfung? 81
Gemeinschaftlich leben – oder gemeinsam untergehen? 83
Fest im Griff der Vergangenheit: Wie Ängste die Zukunft gestalten 85
Das schlummernde Potenzial: Eine neue Willensfreiheit 87
Willensfreiheit zur Wende: Freiheit zur Gemeinschaft 90
Kollaps und Wende: Von der Angst zur Liebe? 92

III AUFBRUCH INS NEULAND 95

1 Stirb und werde! 96
Jenseits der Mauer: Ein Geschmack von Ewigkeit 98
Die Gewalt des kollektiven Schattens 100
Der Held und die Weise – Das Ungeheuer besiegen oder es zähmen? 101
Das Unendliche im Endlichen umarmen 104
Mit Nicht-Tun zum Einen 105
Yoga Nidra – die Übung des wachen Geistes 108
Big Mind oder Western Zen 109
Vom Ich, das sterben muss, zum Bodhisattva des 21. Jahrhunderts 111

2 Verantwortliche Weltbürger: Bodhisattvas der Gegenwart 113
Aufforderung zum tätigen Leben 114
Freiheit – von den Früchten des Handelns 116
Mitgefühl als Gestaltungskraft 118
Innenausstatter des neuen Bewusstseins 120
Ikarus 120

3 Wie wir die Welt (mit-)gestalten 123
Vom Sinn zur Umsetzung 124
Vision: Gegenwärtige Zukunft 125
Die Magie des Kreises 127
Das Musikwunder von Venezuela 131
Intelligent wirtschaften 133
Begeisterung lässt sich nicht verzwecklichen! 135
Unterscheiden und entscheiden: Was will ich fördern? 136
Inspirationen aus dem Sein 139
Blick aufs Ganze 142

4 Der globale Organismus braucht ein Bewusstsein 146
Die Sackgasse weist den Weg 148
Konflikte lösen: Mitleid und Mitgefühl – und wozu sie gut sind 150
Einstein lässt grüssen: Konflikte können nicht (allein) von denen gelöst werden, die sie geschaffen haben 152
Konflikte müssen reifen: Die Kunst aktiven Nicht-Tuns 153
Die innere Perspektive der Weltgemeinschaft 155
Die Vielfalt der Kulturen: Reichtum der Weltgemeinschaft 156
Männliche Liebe: Unerbittliches Mitgefühl 158
Die UNO: Vorahnung des Neuen 159
Globale Ordnung: Grenzen und ihre Durchsetzung 160

5 Ein Tsunami von Liebe und Weisheit? 162

Anhang: Anregungen zur spirituellen Praxis 167

1 Big Mind 168
2 Die Wandlung der Emotionen 174
3 Yoga Nidra 177

Über den Autor 182

Geleitwort von Willigis Jäger

Unser Weg in eine für uns so wertvolle Individualität hat uns zugleich auch in die Isolation geführt. Obwohl in uns allen ein tiefes Bedürfnis nach Gemeinschaft besteht, schaffen wir es scheinbar nicht, in einer Völkergemeinschaft zu leben. Es klingt wie Ironie in dieser postmodernen Gesellschaft, dass es uns nicht gelingt, harmonische Beziehungen zueinander herzustellen. Wir halten unser aufgeblasenes und überzogenes Ich für unsere Mitte, so wie wir einmal die Erde für die Mitte des Weltalls gehalten haben. Dem Ego eine transpersonale Sichtweise zu vermitteln, scheint noch schwerer zu sein, als Menschen die unbedeutende Stellung des Staubkorns Erde am Rande der Galaxis klar zu machen.

Viele Länder dieser Welt verwenden horrende Summen ihres Staatshaushaltes für mörderische Waffen. Ein Drittel dieses Geldes würde ausreichen, allen Menschen eine ausreichende Ernährung zu garantieren. Unsere Nachwelt wird uns einmal als das Zeitalter bezeichnen, in dem die Menschen sich gegenseitig skrupellos umbrachten.

Die archaische Angst um unseren Fortbestand war es offensichtlich, die uns so egozentrisch werden ließ. Unser Gehirn war notgedrungen stark auf einen Überlebensmodus ausgerichtet. Wir besitzen auch heute noch diese archaisch-defensive Geisteshaltung. Sie ist auf Abwehr und Selbsterhaltung ausgerichtet. Sie beinhaltet ein konservatives Element, das sich gegen jeden Fortschritt wendet. Es sind uralte Muster, die sich heute noch als das einzig Wahre und Richtige tarnen und sich als „gesunder Menschenverstand" ausgeben. Diese Defensivität entstammt sehr alten und mächtigen Feldenergien, die immer die Unterstützung der Masse, der Herde haben werden. Es ist sehr schwierig, diese defensive Haltung zu erkennen und zu spüren, wo sie uns hindert und wo sie regressiv wirkt. Dieser Überlebensmodus ist es, der uns egoistisch macht und gleichsam wie eine Negativschleife ständig in unser Bewusstsein zurückkehrt.

Worum es jedoch wirklich geht ist die Entdeckung der Einheit und Ganzheit, auf der das ganze Universum aufgebaut ist. Der Weg in eine höhere Verbundenheit führt nicht über die übliche Moral. Sie wird uns seit unserer Menschwerdung von Priestern und Lehrern gepredigt, hat uns aber keinen wesentlichen Schritt weitergebracht und wird uns auch nicht weiterbringen. Die Ebene des Überlebens liegt in einer Bewusstseinserweiterung, wie sie uns die spirituellen Wege aller Religionen lehren.

Das ganze Universum folgt einem inneren holistischen Gesetz, das wir rational nicht begreifen können. Uns diesem Gesetz mehr zu öffnen, scheint der einzige Weg aus der schwierigen Situation zu sein, in die wir hineingeraten sind. Es gibt eine Dynamik des Einen und Ganzen im Menschen, die nicht aus den Eigenschaften der Teile resultiert. Jeder Teil steht in einem untrennbaren Netz von Beziehungen. Wenn die Spezies sich nicht selbst vernichten will, muss sie Wege aus ihrer Ich-Eingrenzung finden. Dann begreifen wir, dass wir alle Maschen in einem untrennbaren Netz sind. Es geht darum, von dieser allzeit gegenwärtigen Einheit und Ganzheit nicht nur zu wissen, sondern sie auch zu erfahren. Das mag manchen als Utopie erscheinen, doch es ist die einzige Möglichkeit, die Ich-Isolierung des Menschen zu durchbrechen.

Neue naturwissenschaftliche Forschungen widersprechen Darwin. Nicht seine Abstammungslehre wird in Frage gestellt, jedoch seine Ideologie „Struggle for life" – Kampf ums Dasein. Der Neurobiologe Joachim Bauer hat in seinem Buch „Warum ich fühle, was du fühlst" darauf hingewiesen, dass das Kernmotiv der Natur Kooperation ist. Es gibt das „egoistische Gen" nicht, das Richard Dawkins gefunden zu haben meint. Die neuesten

Erkenntnisse der Physik sagen uns, dass am Beginn der Evolution eine phänomenale Kooperation steht. Die Evolution setzt Kooperation geradezu voraus. Mensch sein heißt daher kooperativ sein. Denn es ist das Biotop, das überlebt hat. Es gilt, im Menschen das Bedürfnis nach Selbsttranszendenz zu stärken. Selbsttranszendenz ist ein natürliches Wachstumsmotiv und resultiert aus einer eingepflanzten Sehnsucht nach der Einheit und Ganzheit, aus der wir letztlich kommen.

Das Buch von Hans Jecklin versucht uns genau diese Gedanken zu vermitteln. Es kommt aus einer tiefen Erfahrung und nicht aus abstrakten Spekulationen. Das gibt ihm seine Bedeutung. Denn es zeigt, dass es uns Menschen möglich ist, neue Bewusstseinsräume zu erschließen, die uns aus unserem Narzissmus heraus und in die Einheit führen können.

Willigis Jäger

Stimmen zum Buch

Hans Jecklin untersucht meisterhaft die tieferen Gründe der vielfältigen und verflochtenen Krisen, mit denen wir alle global wie lokal konfrontiert sind und die uns oft mit Sorge erfüllen. Doch er bleibt hier nicht stehen, sondern zeigt Auswege auf, die sich aus einem umfassenderen Bewusstsein ergeben. Wege, die wir im Kleinen wie im Großen gehen können. Hans Jecklin ist eine Stimme, die Mut macht.

Matthias zur Bonsen,
all in one spirit, Oberursel, Deutschland

Ein inspirierendes, hochaktuelles Buch, welches die brennendsten Fragen unserer Zeit in all ihren Facetten aufgreift und diese tiefgründig, mit liebevoll zugewandter Herzkraft ganzheitlich beleuchtet.

Annette Kaiser, Villa Unspunnen, Wilderswil, Schweiz

Umfassend in der Analyse der fortschreitenden Globalisierung der Gewalt, zwingt dieses Buch hinzuschauen und die Resignation zu verlassen. Wer dieses Buch liest, muss irgendwann erkennen: Ich bin Teil des globalen Konflikts, ich bin aber auch Teil einer möglichen Lösung. Der Autor lässt keine Zeit, sich in Schuldgefühlen zu vergraben, er führt die Leser behutsam auf Wege, die aus der Ohnmacht in die allumfassende Liebe führen.

Sabine Lichtenfels, Friedensdorf Tamera, Portugal

Dies ist ein im Wortsinn notwendiges Buch. Es macht deutlich, dass eine Globalisierung, die nur die Ausweitung der Märkte und die Erleichterung des Zugangs zu den ausbeutbaren geologischen und menschlichen Ressourcen zum Ziel hat und nicht auch die Ausdehnung der Verantwortung für alle Menschen, ja alle Schöpfung beinhaltet, zum Scheitern verurteilt ist. Es zeigt ohne viel Federlesens, mit gefühlter Gründlichkeit und nachvollziehbarer Dringlichkeit, die Not auf, in die wir uns hinein beschleunigen, und den kollektiven Bewusstseinswandel, der sie wenden könnte, wenn – ja, wenn wir das Bewusstsein entwickeln wollten, dass wir einander und unserer Mutter Erde ebenso viel zurückgeben müssen, wie wir nehmen.

Wolf Büntig, ZIST, Penzberg, Deutschland

Vorwort

Über Monate habe ich mögliche Titel für dieses Buch mit mir herumgetragen. Die Idee, es unter die Frage „Kollaps oder Wende?" zu stellen, stand am Anfang, noch bevor ich den ersten Satz niedergeschrieben hatte. Doch wurde mir im Verlauf des Schreibens immer klarer, dass es für die Zukunft der Menschheit nur „*Eine* Welt oder keine" gibt; und so wurde dieser Titel zum Favoriten. Dann, während eines Spaziergangs durch das schon fast winterliche Zürich, war es mit einem Mal klar: „*Eine* Welt oder keine" sollte zum Haupttitel, „Kollaps und Wende" hingegen zur Überschrift des ersten Teils werden.

Aus dem *oder* in der ersten Titelvariante ist dabei ein *und* geworden. Ohne Kollaps wird sich nichts wenden können; schon gar nicht zur *Einen* Welt, in der die Menschheit im Frieden mit sich und der Erde lebt. Im günstigeren Fall werden es innere Strukturen sein, die durch eine Metamorphose gehen müssen: Jene Gebilde der Angst, die Menschen, Völker und Nationen in Eigennutz und Machtstreben einkapseln. Widersetzen sie sich dem Wandel, wird es ihre Verlängerungen im Außen treffen: Sei es als Zusammenbruch der illusionär aufgeblähten Finanz- und Wirtschaftsstrukturen, als Vernichtung sozialer, kultureller und materieller Werte durch Terrorismus und Kriege oder als Zerstörung der natürlichen Lebensgrundlagen für große Teile der Menschheit.

Die Wende zur *Einen* Welt setzt bewussten Wandel voraus. Ein Wandel, der nur geschehen kann, wenn wir sterben lassen, was nicht mehr lebensfähig ist. Also gilt es, schonungslos, aber mit wissendem Herzen zu ergründen, was sterben will, was in uns – individuell wie gesellschaftlich – der Geburt des Neuen im Wege steht. Dies kann kein einfacher Befreiungsakt sein, geht es doch um nicht weniger als um die Verlagerung des Ortes unser tiefsten Aufgehobenheit und Sicherheit von den äußeren Gebilden zum Urgrund unseres Seins.

Aus einer neuen Freiheit von den urtümlichen, seit jeher in uns wirkenden Überlebensimpulsen und ihren Konditionierungen, ohne die wir nicht wären, was wir sind, wird es leichter sein, sich eine Weltgemeinschaft vorzustellen, deren Wohlergehen die Basis für das Wohlergehen aller einzelnen Menschen, Völker und Nationen bildet.

Es liegt ja schon heute nicht daran, dass wir nicht wissen, was zu tun wäre, sondern daran, dass wir es nicht tun. Das notwendige Wissen über Handlungsweisen, Technologien oder politische Strukturen ist immens; was sich noch erst in Ansätzen zeigt, wird sich mit der Bereitschaft zum Wandel konkretisieren. Doch eben: Wandel macht Angst; sogar dann, wenn wir ihn selbst herbeiwünschen.

So ist es nur natürlich, wenn uns bei der Vorstellung, was globale Solidarität für uns – persönlich oder als Nation – konkret bedeuten könnte, Schwindel befällt: Sei es in Bezug auf materielle Privilegien, die einmal in Frage gestellt werden könnten, oder auch bei unseren Vorstellungen über die letzten Dinge. Wir tun gut daran, uns diesem Schwindelgefühl liebevoll zuzuwenden, damit wir mit seinem Wesen vertraut werden, und um nicht gerade dann auszuscheren, wenn der Wandel uns ganz persönlich, mit all unseren lieb gewordenen Abhängigkeiten meint. Täuschen wir uns nicht: Der alles entscheidende Schritt zur Einen Welt hin ist kein kleiner. Er kann allein gelingen, wenn wir *„Dem Herzen vertrauen"* – aus einer unerschütterlichen, im Ewigen beheimateten Beherztheit. Deshalb habe ich diese Worte dem Buchtitel vorangestellt.

Für unsere Fähigkeit, zu wandeln und zu handeln, können wir auch selbst etwas tun. Im Anhang finden Sie einige Anregungen zur spirituellen Praxis, die ich selbst als hilfreich empfinde.

Bevor ich Sie nun einlade, mit mir zur inneren Reise durch dieses Buch aufzubrechen, will ich kurz innehalten: Zum Dank an das Wunder des Seins, das mich geschaffen und mit einer Vielfalt von Leben umgeben hat, die mich trägt, nährt und fördert – auf eine Weise, die mein Verstehenkönnen weit übersteigt.

Man soll die Nacht nicht fürchten;
denn wenn wir sie ertragen,
wird sie uns einen neuen Morgen,
ein unverwechselbares Frühlicht
schenken.[1]

Prolog – Mut zur Veränderung

Elend auf engstem Raum. Hunger. Gestank und Rauch aus den umgebenden Abfallbergen. Greller Wohlstandsmüll aus Lautsprechern und Bildschirmen. Dumpfe Flucht in Spiel und Alkohol. Hoffnungslosigkeit. Gewalt an Kindern und Frauen. Diese Eindrücke haben mich bis heute, nach über zehn Jahren, nicht losgelassen.

Mit einigen anderen, die gemeinsam besser verstehen wollten, was globales Bewusstsein wirklich bedeuten könnte, war ich für einige Wochen in die Philippinen gereist. Nun fand ich mich wieder: Mitten in einem der Slums von Manila. Mit leeren Händen – ohne eigenes Geld oder Geschenke – sahen wir uns ungeschützt der Gewalt der Eindrücke ausgesetzt; eine weise Rahmenbedingung, die uns vor den guten Taten bewahrte, mit denen wir uns sonst oftmals zu billig vor der eigenen Betroffenheit schützen.

So übten wir, uns mit leeren Händen von der schmerzhaften Wirklichkeit berühren zu lassen; zu erfahren, wie äußere Geschehnisse innere Wunden in uns selbst aufreißen; aber auch: Wie eine

---

1 Safranski, Rüdiger: *Nietzsche. Biographie seines Denkens,* Frankfurt 2002, S. 223

von aufgewühlten Emotionen verschleierte Sicht sich zu klären beginnt, wenn Schmerz, Wut und Ratlosigkeit am offenen Herzen zur Heilung und Ruhe kommen. Schicht um Schicht eröffneten sich so tiefere und weitere Zusammenhänge; bis wir realisierten, wie alle Beteiligten – Opfer, Täter, nicht anders als wir selbst – in ihre menschlichen Bedingtheiten verstrickt sind: In ein Gewebe von globaler Dimension mit vielen, auch grauenerregenden Gesichtern.

Mit dem Blick in die Tiefe und Weite wuchs das erst nur leise sich regende Mitgefühl zu einem kraftvollen, die Welt in ihrem So-Sein ganz umfassenden Strom an. Die unverstellte Schau auf dieses *World Wide Web* und seine Bedürfnisse führte uns allen schnell und klar vor Augen, wo und in welcher Form unsere individuellen Gaben wirkungsvoll zur Veränderung beitragen können: Zum Wohl der globalen Gemeinschaft wie für uns selbst.

Damals, im Slum, erschien mir spontan das Bild der Erde mit ihren Bewohnern: Ein lebendiger Organismus, übersät mit unendlich vielen Geschwüren. Sie sind alle äußere Symptome begrenzter Denk- und Handlungsweisen, die den Anforderungen der Gegenwart nicht mehr genügen. Unser kollektives Wertebewusstsein, unser Verständnis von Mitgefühl und sozialer Verantwortung, verlangt nach Erweiterung: Über die Grenzen von Ethnien und Nationen hinaus, in die globale Dimension. Dies ist die Wende, deren Teil ich sein will und zu der dieses Buch inspirieren soll.

I Kollaps und Wende

1 Ich bin der Weg

Ein neuer, wunderbarer Sommertag ist angebrochen. Kühl der Morgen; im Laufe des Tages wird es wärmer werden. Weit reicht der Blick aus dem Fenster in die Freiburger Landschaft hinein, die letzten sanften Hügel, die im Westen jäh zum Genfer See abfallen. Über dem bewaldeten Mont Gibloux zeichnen sich erste Wolkengebäude ab; noch sind sie ganz weiß, doch bis zum Abend mögen sie sich wieder zu dunklen, blitzenden und grollenden Türmen aufbauen. Gegenüber, am Hang, liegt ein friedliches Dorf in der Sonne, unten im Tal mäandert das Flüsschen Glâne glitzernd durch die Auenlandschaft. Direkt unter mir, über den hellgrünen Trieben der Eibenhecke tanzen die Insekten; davor das von uns, seiner lediglich vom Plätschern des kleinen Springbrunnens belebten Stille wegen, so benannte Gartenzimmer.

Schon am frühen Morgen habe ich mir aus dem Internet die neuesten Nachrichten hereingeholt: Krieg im Nahen Osten, Kriegsdrohungen anderswo, Geiselnahmen, Bomben, Raketen, Luftangriffe, Tote und Verletzte, Flüchtlinge vor rauchenden Trümmern. Politiker reden, schachern, verurteilen, warnen, drohen, rechtfertigen. Die Wirtschaft hat Aussicht auf Wachstum: Waffen, Wiederaufbau, Handelsfreiheit (zumindest für die Starken). Umweltzerstörung, Klimawandel, Feinstaub: Nur kein Zwang zu einschneidenden Maßnahmen; sie könnten die Stimmung verderben und Arbeitsplätze kosten – und wer sollte denn das alles zahlen können, wenn nicht eine prosperierende Wirtschaft?

Da sitze ich nun, brüte, sitze da, mitten in Wohlbehaltenheit und Fülle zwar, und doch mit kläglich leeren Händen. Leer. Einfach leer. Unendlich leer und stumm. Zaghaft wollen sich Worte formen. Sie sind mir nicht neu: *„Ich bin der Weg."* Der Suchende in mir, der ewige Sucher des Weges hat sie erstmals wirklich vernommen, als er erschöpft aufgab und sich danach sehnte, Einer zu sein, der nicht mehr zu suchen braucht. Das Jesuswort, er sei der Weg, die Wahrheit und das Leben, war seinerzeit, im Konfirmandenunterricht, ungehört an mir vorbei gegangen. *„Ja"*, höre ich es in mir antworten, *„ich bin der Weg"*. – *„Hast Du einen Anfang und ein Ende?"* fragt die Stimme weiter. *„Gibt es etwas, das Du nicht bist?"* und schließlich *„Kann man Dich das Eine Sein nennen?"* Meister Eckhart, fährt es mir durch den Sinn: *„Hier ist Gottes Grund mein Grund und mein Grund Gottes Grund. Hier lebe ich aus meinem Eigenen, wie Gott aus seinem Eigenen lebt."* Es ist, wie wenn all' diese Worte in mich herein fielen, wie Tropfen in den Teich, und sich in alle Richtungen ausbreiteten.

Noch immer sitze ich an meinem Tisch, vor dem Fenster; es ist weit geworden um mich, mein Wesen reicht unendlich viel weiter als die Sicht meiner Augen. *„Bist Du auch die Eine Liebe?"* meldet sich die Stimme wieder und insistiert: *„Gibt es etwas, das in Dir keinen Platz hat?"* Mein Herz klopft und vibriert. Die Brust ist weit offen, Platz für das ganze Universum. Meine Wahrnehmung fliegt durch die Tiefe des Raums, zwischen Sonnensystemen und Sternen, auf den blauen Planeten zu. Immer neu vermag dieses Bild mein Herz zu berühren und eine tiefe Liebe zu diesem Organismus Erde zu wecken. Und zugleich weiß ich: Hinter diesem Bild von Schönheit und Harmonie liegt anderes, das im Näherkommen zu Tage treten wird. Bilder von ruchloser Zerstörung tauchen auf, von Terror, Krieg und Mord, von Wunden und Verletzungen der Natur und der Seele, von Abgründen der Angst und Not – und da ist sie wieder, diese Leere: Schmerzende Ratlosigkeit.

„Ja, alles ist Shiva", höre ich den Bramahnen sagen. *„Auch das extremste Dunkel, der äußerste Schmerz!"* Dies sei keineswegs naiv, bestärkte er mich, als ich ihn vor vielen Jahren über die

Natur Gottes befragte. *„Ja, das Herz ist immer stärker. Stärker als das äußerste Böse. Doch sieh' Dich vor: Die Gesichter Gottes können grauenerregend sein. Und wenn sich Dein Herz vor ihrem Angesicht verschließt, wirst du zum hilflosen Spielball." – „Die Frage ist somit nicht"*, schloss er, *„ob das Licht Deines Herzens stärker sei als das Dunkel, sondern einzig, ob Du Dein Herz offen zu halten vermagst – unter allen Umständen, was immer auch geschehe."*

Seit diesem Gespräch bin ich auf meinem Herzensweg, mit wachsendem Vertrauen in die Wandlungskraft und Weisheit des Herzens; von ihnen weiß ich inzwischen, dass sie dann unversiegbar sind, wenn sie dem Einen, dem eigenen Grund, entspringen.

So will ich mich in den folgenden Abschnitten unserem Heimatplaneten nähern, indem ich Schale um Schale, wie bei einer Zwiebel, ablöse, und jede Schicht mit offenem Herzen nach ihren Lebensbedürfnissen befrage, auch wenn dabei die Augen brennen und tränen werden.

2 Luft, Wasser und Erde – unser Lebensraum

Seit den späten sechziger Jahren des vergangenen Jahrhunderts kennen wir das Bild der Erde aus der Perspektive des Weltraums: Die bläulich schimmernde Kugel vor der Tiefe des glitzernden Sternenteppichs. Ein Wunder, das unser Herz immer wieder und immer wieder neu zu berühren vermag. Unmittelbar und durch eine Qualität von Liebe, die nichts für sich will, die einfach ist, bedingungslos.

In der Annäherung lassen sich zuerst Luft, Wasser und Erde erkennen. Sie bilden unsere Lebenssphäre: Eine zart und zerbrechlich wirkende Hülle, die mit ihren 20 bis 30 Kilometern an Tiefe im Vergleich zum Erdradius von annähernd 6.400 Kilometern etwa so dünn ist, wie die Farbschicht eines Modellglobus[2]. Bereits aus einer Entfernung von 10.000 Kilometern wird verständlich, dass Luft, Wasser und Erde im Spiel mit der Schwerkraft des Planeten und unter dem Einfluss der aus dem Raum wirkenden Strahlung der Sonne ein untrennbares System bilden; einen Organismus, unter dessen einzigartigen und relativ stabilen Bedingungen sich Leben bilden und entfalten konnte – Einzeller, Pflanzen, Tiere – und schließlich ein menschliches Bewusstsein, dessen Differenzierung uns heute den Blick auf das Werden des Universums gestattet. Ein hoch entwickeltes Bewusstsein, das im Zustand eindimensionaler Machttrunkenheit und der damit einhergehenden Blindheit für die subtilen Zusammenhänge auch das Potenzial besitzt, die fragile Ordnung unserer Lebenssphäre erheblich zu stören oder zu großen Teilen zu zerstören.

2 Morrison, Phyllis und Philipp: *Zehn hoch – Dimensionen zwischen Quarks und Galaxien*, Heidelberg 1984

Die Auswirkungen der menschengeschaffenen Verschmutzung von Luft, Wasser und Erde sowie des Abholzens der großen Waldflächen, zeigen sich im Abschmelzen der Gletscher, dem Absinken der Grundwasserstände, dem Verlust an fruchtbarer Erde durch Versalzung und Verwüstung sowie dem Verschwinden der Lebensvielfalt in den großen Seen, Flüssen und Ozeanen. Wissenschaftler warnen davor, dass dies nicht nur das Aussterben von Pflanzen- und Tierarten zur Folge hat, sondern über die Vergiftung der Nahrungsmittelkette Gesundheit und Leben großer Teile der Menschheit bedroht; langfristig steht – über die Mutation der Gene – sogar die Fortpflanzungsfähigkeit der Menschen in Frage.

Wenn wir davon ausgehen, dass das Lebensziel der meisten Menschen in einem glücklichen und langen Leben besteht – was immer sie darunter verstehen – stellt sich auch gleich die Frage, wie dies durch die verschiedenen Bereiche menschlicher Tätigkeit und ihre Einrichtungen zu leisten sei: Durch Wirtschaft, Gesundheitspflege, Technologie, Erziehung und Ordnungspolitik, alle im Rahmen der unterschiedlichen kulturellen Wertvorstellungen. Wie immer wir es auch drehen: Nur unter enormer Steigerung der ökologischen Effizienz kann es mittelfristig gelingen, für immer mehr Menschen die äußeren Voraussetzungen für glückliche und lange Leben zu schaffen.

Längerfristig betrachtet stehen uns dazu nur jene Ressourcen und Materialien zur Verfügung, die innerhalb unserer Lebenssphäre – im Zusammenwirken mit Sonne, Luft, Wasser und Erde – sich laufend erneuern oder neu geschaffen werden. Sind sie einmal erschöpft, vergiftet oder abgebaut, so wachsen Luft, Wasser und Erde nicht mehr nach. Wohl können sie sich in einem großen Maß regenerieren, sofern ihnen die dafür notwendige Schonzeit eingeräumt wird. Die Dauer der Verfügbarkeit endlicher Rohstoffe spielt in diesem Zusammenhang eine untergeordnete Rolle: Für das Überleben unserer Art auf diesem Planeten sind die

Grenzen der Belastbarkeit von Luft, Wasser und Erde entscheidend.

Kollaps oder Wende?

Während sich derzeit das Umweltbewusstsein der Menschheit tatsächlich exponentiell verbessert, entwickelt sich, zu unserem Unglück, das Maß der Übernutzung noch um Vieles schneller. Das Dilemma ist fast unlösbar, muss uns doch die Verbesserung der teils grauenvollen Lebensumstände in den Entwicklungs- und Schwellenländern ein dringliches Anliegen sein. Dass sich die Not leidenden Menschen dabei eine Art von Wohlstand vorstellen, wie wir ihn ihnen vorleben, ist verständlich. Wie sollen ausgerechnet wir ihnen glaubhaft erklären können, dass alle Anstrengungen, ihre Lebensqualität nach unserem Muster zu verbessern, unweigerlich zum beschleunigten Kollaps der globalen Lebenssphäre führen werden? *„Wenn China den Standard der Industrieländer erreicht, werden sich Ressourcenausbeutung und ökologische Schäden auf der ganzen Welt ungefähr verdoppeln"*, schreibt Jared Diamond in seinem Buch „Kollaps"[3]. *„Dabei ist schon zweifelhaft, ob auch nur die derzeitige Ressourcennutzung und die ökologischen Eingriffe auf lange Sicht haltbar sind. Irgendwo muss es zum Rückgang kommen. Das ist der wichtigste Grund, warum Chinas Probleme automatisch zu Problemen der ganzen Welt werden."* Diamond führt uns eindrücklich die bisherige Unfähigkeit der Menschheit vor Augen, auf die Bedrohung ihrer Lebensbasis angemessen zu reagieren. Stattdessen betreibt unsere Gesellschaft ihr zerstörerisches Geschäft weiter. Um beim Beispiel China zu bleiben: Allein in Peking werden täglich um die 3.000 Autos neu in Betrieb genommen, im ganzen Land sollen es täglich über 20.000 sein: Autos, die in Zusammenarbeit mit den Produzenten der westlichen Industrieländer hergestellt werden;

---

[3] Diamond, Jared: *Kollaps*, Zürich 2005

nach Konstruktionsprinzipien, welche der prekären Schadstoff- und Energiesituation kaum noch Rechnung tragen. Das Auto, die Mobilität, scheint auf den chinesischen Mittelstand eine magische Anziehungskraft auszuüben, die alle anderen Überlegungen dominiert.

Eben so wenig lassen sich die hiesigen Konsumenten von den Nachrichten über die verheerenden Umweltschäden beeinflussen. Als Arbeitnehmer beklagen sie die Produktionsverlagerungen in die asiatischen Schwellenländer und profitieren gleichzeitig vom Preisvorteil der dort hergestellten Produkte. Dass dabei Luft, Wasser und Erde vergiftet werden, dass ein Strom wie der Gelbe Fluss über Monate hinaus kein Wasser mehr an die Mündung bringt, vermag auf Distanz nur wenige ernsthaft zu beeindrucken.

Die erste Fühlungnahme mit dem Leben in China – in den Großstädten und auf dem Land – hat mein Vertrauen auf die Nähe einer globalen Wende über alles Erwarten hinaus tief erschüttert. Es schmerzt unendlich zu sehen, wie in diesem riesigen Land ein Drittel der Bevölkerung die Luft materiellen Wohlstandes wittert und im Streben danach kostbare Ressourcen verschleudert und ökologische Schäden ungeheuren Ausmaßes in Kauf nimmt. Ebenso erschreckend ist die soziale Spannung zwischen den Superreichen, mit dem ihnen nacheifernden Mittelstand im Schlepptau, und der Mehrheit von 600 Millionen in trostlosen Verhältnissen lebenden Armen.

Der Optimismus, den die chinesischen Funktionäre und Wirtschaftsführer auf der von mir zu Beginn meines Aufenthalts besuchten Nachhaltigkeitskonferenz ausstrahlten, ist mir ein Rätsel. Die Aufgabe ist so riesig und die Situation so vielschichtig verstrickt, dass auch die Verfügungsgewalt des diktatorischen Regimes die notwendige Kursänderung nicht wird herbeizwingen können. Angesichts der wirtschaftlichen Morgenröte und ihrer Glücksverheißungen erscheint mir ein so radikales Umdenken auf breitester Basis als kaum vorstellbar.

So bleibt mir im Augenblick nur das Hinschauen und Annehmen. Die Hände zucken unter den hilflosen Handlungsimpulsen. Auf den ersten Blick gibt es nichts, das ich tun könnte, und auch nicht auf den zweiten. Nichts als hinzuschauen, mit offenem Herzen. Dort ist jedoch nur stechender Schmerz, und hilflose Wut rumort im Bauch. Ich weiß: Sie gehören beide zu mir. Ohnmacht zu ertragen, fällt mir schwer, und doch ahne ich, wie wesentlich es gerade jetzt ist, ihr nicht durch Ratschläge oder Aktivität ausweichen zu können.

Ich erlebe Ohnmacht als lähmendes Ungeheuer; nichts kann meinen Zorn mehr steigern als sie. Doch im Ausharren mit dem grauen Dämon erwärmt sich langsam das Herz. Nach und nach steigt jene weiche innere Stärke auf, die ich aus anderen Begegnungen mit meinen ungeliebten Seiten kenne. Ich beginne, die Bedrohung unserer Lebenssphäre nüchterner und zugleich in einem vorher nie wahrgenommenen Ausmaß zu verstehen: Ohne kollektiven Bewusstseinswandel, ohne die tiefe Einsicht, dass das Wohlergehen des Einzelnen von der Gesundheit unser aller Lebenssphäre abhängt, wird sich nichts nachhaltig verändern. Weder neue Technologien noch griffigere Gesetze allein vermögen die Wende zu bringen.

Die Ruhe und die warme Liebe, die mich jetzt angesichts grösster Bedrohung tragen, sind der Ariadnefaden, auf den ich mich im Weiter- und Tiefergehen verlassen mag.

Der „(un)happy Planet Index"

Eben erst bin ich auf den erstmals publizierten „(un)happy Planet Index"[4] aufmerksam geworden; eine erfrischende Alternative zum herkömmlichen wirtschaftlichen Denken. Ganz anders als die Kennzahlen[5], mit denen die Prosperität der Länder üblicherweise gemessen und verglichen wird, beruht der neue Index nicht auf

---

4 Marks, Nic: *The (un)happy Planet Index*, www.happyplanetindex.org, London 2006

5 z.B. Bruttosozialprodukt (BSP), Bruttoinlandprodukt (BIP), Kaufkraftbereinigtes Bruttoinlandprodukt (PPP-GDP)

wirtschaftlichem Wachstum, Produktivität oder Konsum. Dafür stellt er den Bezug her zwischen Werten, die uns vor allen anderen interessieren: Die von der jeweiligen Bevölkerung empfundene Lebenszufriedenheit sowie die durchschnittliche Lebenserwartung werden der ökologischen Effizienz gegenübergestellt, mit der diese Lebensziele erreicht werden.

Die Resultate dieser Gegenüberstellung von lebenswerten Zielen und für sie aufgewendeten Ressourcen vermögen uns nicht wirklich zu überraschen: Wirtschaftswachstum und Lebensfülle sind zweierlei.

So ist in Griechenland, Portugal und Spanien – in jenen Ländern also, die vom Anschluss an die EU wirtschaftlich am meisten profitiert haben – der Index der empfundenen Lebensqualität zwischen 1985 und 2001 kaum angestiegen, während sich gleichzeitig der Ressourcenverbrauch pro Kopf verdoppelte. Die Bevölkerung von Malaysia, andererseits, bewertet ihre Lebensqualität (mit 7,4 von 10 Punkten) eher positiver als die Nachbarn in Singapur (6,9 Punkte). Doch Malaysia wendet dafür nur halb so viel an Ressourcen auf wie Singapur, dessen Verbrauch das Drei- bis Vierfache dessen ausmacht, was diesem Stadtstaat aufgrund seiner Bevölkerungsgröße als Anteil an den globalen erneuerbaren Ressourcen zusteht. Ein Wachstumsschub nach unserem Muster würde den Malaysiern wohl kein zusätzliches Glück bescheren, aber mit Sicherheit zur beschleunigten Erschöpfung der Lebenssphäre beitragen.

Beide Beispiele müssen uns zu denken geben: Ein durchschnittlicher Europäer verbraucht heute dreimal soviel an erneuerbaren Ressourcen wie ihm als Anteil an der globalen Biokapazität zusteht, ein US-Amerikaner sogar fünfmal so viel. Noch immer verhalten wir uns, als ob unser Lebensglück von diesem Ressourcenverbrauch abhängig sei. Wir gehen weiter, auf zunehmend dünnerem Eis, blind für die Tatsache, dass ein Einbrechen auch den Untergang bedeuten könnte.

Es ist noch nicht lange her, dass mich eine Journalistin nach meinem Umgang mit der immer schnelllebigeren Zeit fragte. Spontan erschien mir das Bild eines sich rasch um seine Nabe drehenden Speichenrads. Der äußerste Bereich flitzt an der Welt vorbei, während im Zentrum Ruhe und Übersicht herrschen. Was für das Zeiterlebnis gilt, kann ich auch auf das Glück übertragen. Will ich es an der Peripherie festhalten, wird es mir laufend entgleiten. Je fester jedoch die Verankerung in der Nabe und ihrer Rundumsicht, umso lustvoller kann ich mich auf das Spiel mit der immer neuen Außenseite einlassen. Wir wissen es – Sie und ich – und ich schreibe es trotzdem: Glück ist nur jetzt. Und Jetzt ist immer. Immer neu.

Trotzdem: Wachstum über alles

Der verengte Blick im Umgang mit unserer Lebenssphäre beruht auf einem fatalen, im wirtschaftlichen Credo tief verankerten Glaubenssatz: Dass (unendliches) wirtschaftliches Wachstum für das Wohlergehen der Menschheit unerlässlich sei und ihm deshalb der Vorrang vor allen anderen Aspekten gebühre.

So rufen Ökonomen, Unternehmer, Gewerkschafter und in ihrem Gefolge die Politiker – wenn immer der Wirtschaftsmotor stottert – nach Wachstum. Soziale Verantwortung und Schonung der ökologischen Lebensgrundlagen werden zu wachstumshemmenden Kostenfaktoren. Sie belasten die Konkurrenzfähigkeit der Unternehmen auf dem globalen Markt und schmälern die Gewinne. Kein Wunder also, wenn die dem Wohl ihrer Aktionäre verpflichteten Manager die Produktion dorthin verlagern, wo die Arbeit billiger, die sozialen und ökologischen Verpflichtungen geringer sind und wo der Staat obendrein noch mit Steuervorteilen lockt. Standortkonkurrenz sei gesund, heißt es, und die ganze Spirale von gesellschaftlichen und ökologischen Folgewirkungen, die dieses Denken in Gang setzt, wird ausgeblendet.

Die Anlegergemeinde – angeführt von der Zunft der Finanzanalysten – blickt gebannt auf die Gewinnerwartungen der Unternehmen. Da diese Prognosen die Aktienkurse vorauseilend stimulieren, sind sie zu Mitteln der Kurspflege geworden und ihrem eigentlichen Sinn als unternehmerische Orientierungshilfe entfremdet. Je höher die Erfolgsaussichten gespannt sind, umso tiefer verlaufen dann die Abstürze. Korrekturen der Budgetziele im Jahresverlauf oder durchaus positive Ergebnisse, die jedoch nicht den Erwartungen der Kommentatoren entsprechen, werden zu Hiobsbotschaften hochstilisiert, in deren Folge die Aktienkurse einbrechen. Was bleibt dem verantwortlichen Management zur Rettung des eigenen Kopfes anderes, als den Beweis seiner Fähigkeit zu erbringen? Am besten, durch ein kräftiges und folgenreiches, publikumswirksam kommuniziertes Drehen an der Kostenschraube. Gehen dadurch auch die Gewinnerwartungen nach oben, ist die Welt für die Finanzgemeinde wieder in Ordnung. Das langfristige Wohlergehen der Unternehmen ist nicht das primäre Anliegen der auf (steuerfreien) Kapitalgewinn spekulierenden Aktionäre. Sie verhalten sich eher wie blinde Passagiere, die den Kurs des Schiffes durch ihre kurzfristigen Launen bestimmen, aber bei höherem Wellengang schnell aussteigen. Die Nebenwirkungen tragen andere: Die Mitarbeiter – die gekündigten wie die verbleibenden – die Kunden und die Lieferanten, die Gesellschaft und oft auch die Umwelt.

Wenn die führende Schweizer Telekomgesellschaft Swisscom eine Gewinnwarnung aufgrund von Sonderfaktoren bekannt gibt, wird der „Gewinneinbruch" sogleich zum nationalen Medienthema. Den für das Jahr 2006 von 4 auf 3,7 Milliarden Franken reduzierten Gewinnprognosen folgt unmittelbar der Niedergang der Aktienkurse. Die nahe liegende Frage nach der ethischen und gesellschaftlichen Angemessenheit eines Gewinns von noch immer 3,7 Milliarden Franken (gegenüber einem Umsatz von 9,5 Milliarden Franken) unterbleibt – auch seitens der

Konsumenten, die ihn finanzieren. Die Schweizer Großbanken werden um ihrer Milliardengewinne wegen bewundert. Offensichtlich fühlen sich die Kunden im Vertrauen in ihre Bank gestärkt, wo sie sich doch auch fragen könnten, auf welchen Leistungen diese extrem hohen Gewinne beruhen und wer dafür bezahlt.

Die Bewunderung für die Erfolgreichen geht so weit, dass der Chef einer deutschen Großbank es wagt, sein exorbitantes Gehalt vor laufender Fernsehkamera unter anderem damit zu begründen, dass die Mitarbeiter des Hauses stolz seien, unter dem bestbezahlten aller Bankmanager zu arbeiten. Denn so hätten sie auch die Gewissheit, bei der leistungsfähigsten Bank angestellt zu sein.

Erfolg oder Absturz

Wird aber in einer Gesellschaft als erfolgreich bewundert, wer so viel nimmt wie er nur kann, und so wenig als möglich gibt, kann es nicht erstaunen, wenn dieses banalste aller Erfolgsrezepte Schule macht. Ganz von selbst wird es zum dominierenden Verhaltensmuster. Wenn der Wert der Leistungen von Managern, Künstlern und Sportlern an ihrem finanziellen Erfolg gemessen wird, sind die gesellschaftlichen Konsequenzen absehbar.

Wer im Kampf um Ansehen und Erfolg nicht mithalten kann oder will, fällt hinaus. Angst und Druck dominieren zunehmend das Geschehen in Wirtschaft und Gesellschaft: Angst, die Ziele zu verfehlen, nicht zu genügen, den Arbeitsplatz zu verlieren und damit Familie und Existenz zu gefährden. Dass Angst und Bedürftigkeit die Motivationskraft von Lebensfülle und Kreativität weitgehend übertönen, ist das eine; Stress und Burnout sind der Preis für das dazu gehören Wollen.

Wir alle tragen die Angst vor dem Verlust von Ansehen und Zuwendung in uns. Jede und jeder kennt diese Urangst auf seine eigene Weise; ist sie doch als elementarer Überlebensimpuls untrennbar mit dem menschlichen Dasein verbunden. Oft geht uns erst im Nachhinein auf, wie sehr das Ausmaß unserer jeweiligen Befürchtungen die wirkliche Gefährdung übertraf. Wie schnell treten, in der verständlichen Sorge um das eigene Wohlbefinden und das der Allernächsten, die Bedürfnisse der Gesellschaft in den Hintergrund? So zum Beispiel, wenn die Mehrheit der Bevölkerung den Anliegen von Umwelt und gesellschaftlicher Verantwortung auf demokratischem Weg eine Abfuhr erteilt, sobald die Gegenseite das Gespenst steigender Lebenshaltungskosten oder der Gefährdung von Arbeitsplätzen malt? – Blinde Angst in unseliger Allianz mit blindem Eigennutz?

Zur dieser kollektiven Blindheit gehört auch die Vorstellung, dass mehr Besitz, Sicherheit und Macht das Ausmaß der Angst vermindere. Nichts davon ist wahr: Wie ich als Unternehmer hautnah erfahren habe, wächst die Angst mit der möglichen Fallhöhe: je umfangreicher der Besitz – und je stärker die Bindung daran – umso tiefer der Fall und umso größer die Angst davor. Sicherheiten, die wir zur Absicherung vor Ungewissheit anhäufen, rufen nach vermehrter Absicherung, endlos.

Es war während der Ölkrise nach 1970, als auch die Geschäfte unseres Familienunternehmens stockten: Einer mir nahen Mitarbeiterin, die als Kind die Kriegs- und Nachkriegsjahre in Deutschland erlebt hatte, fiel auf, wie meine Schuhsohlen zunehmend durchscheuerten und es nur noch eine Frage der Zeit schien, bis ich auf den Socken gehen würde. *„Kann ich denn jetzt neue Schuhe kaufen, wenn unser Unternehmen Verluste schreibt?"*, erklärte ich ihr besorgt auf ihre Anspielung. Worauf sie mir augenzwinkernd zu verstehen gab, mit wie viel Genuss und Freude sie in jener kargen Zeit, mit ihrer Mutter und ihren Geschwistern, Tag für Tag die im Wasser gekochten Kartoffeln genossen hätte.

Damals, im Anblick der Möglichkeit des unternehmerischen Scheiterns dämmerte mir, dass meine wahre Angst nicht dem

Verlust des Besitzes galt, sondern dem Verlust des Ansehens: Angst vor Gesichtsverlust, Liebesentzug und – schlimmer noch – Fall aus der Gesellschaft, um die ich mich sonst wenig scherte.

Sehnsucht als Gnade

Folgen wir dieser Urangst vor dem Fall mit offenem Herzen, stoßen wir auf unsere größte Sehnsucht: Bedingungslos aufgehoben zu sein in der einen, unendlichen Liebe. Tief ist das Wissen um sie in unserem Innersten eingeprägt. So tief, dass wir oft ihren Ort vergessen und sie anderswo suchen. So projizieren wir das verloren geglaubte Geheimnis auf äußere, ihrer Natur nach vergängliche Phänomene, und die Bedürftigkeit führt uns immer tiefer in emotionale Verstrickung mit illusionären Substituten für das Wirkliche. – So lange, unendlich lang, bis uns die Augen aufgehen.

Lassen wir uns die Zeit, diesem Bild nachzuspüren. Es mag für den menschlichen Weg der Erkenntnis auf dieser Erde stehen, wie er mit der Verführung durch die Schlange und der Vertreibung des ersten Menschenpaars aus dem Paradies begann. Noch näher liegen mir die Belehrungen der weisen Diotima über die Natur des Eros, worüber Sokrates der versammelten Runde in Platons Gastmahl berichtet: Jener Eros, der als Triebkraft der Evolution ständig äußere Verbindung sucht und schafft, um sie gleich wieder zu verlieren; bis er endlich versteht, dass er als Kind seiner Mutter Peneia – der Bedürftigkeit – unablässig das Wesen seines ihm unbekannten Vaters Poros – Fülle und Reichtum – sucht.[6]

„Als Aphrodite zur Welt kam, hielten die Götter einen Schmaus; auch Poros (Reichtum und Fülle) war dabei. Nach beendigter Mahlzeit legte er sich, berauscht vom Nektar, in den Garten und schlief ein. Peneia, durch ihre Bedürftigkeit in die Nähe der

---

6 Platon (Übersetzer: Otto Appelt): *Das Gastmahl*, Hamburg 1988

Götter getrieben, legte sich listig zu ihm hin und empfing den Eros. Als Sohn Peneias war er arm, rau und struppig, streifte barfuß und obdachlos umher. Vom Vater her trug er den listigen Späher nach dem Schönen und Guten in sich; tapfer, mutig und erfinderisch war er, beseelt auch von einem unermüdlichen Drang nach Erkenntnis und Wahrheit. So war er glücklich, wenn ihm Reichtum zufloss, und untröstlich, wenn er ihm wieder zwischen den Fingern zerronnen war. – Aus Mangel an Gutem und Schönen strebt er nach eben diesem, dessen er sich bedürftig glaubt", so begann Diotima die ausführliche Belehrung des Sokrates, die sie mit den Worten beschloss: *„Gebiert er aber die wahre Tugend in sich, dann ist es ihm beschieden, ein Gottgeliebter zu werden und der Unsterblichkeit teilhaftig."* Sokrates seinerseits war überzeugt – und beendete damit seinen Bericht an die Runde des Gastmahls – *„dass man einen besseren Helfer zur Erlangung dieses Besitzes nicht leicht finden kann als den Eros"*.

Das Innewerden der Fülle an Liebe und Weisheit als unsere eigentliche Natur, mag bei den Einen als Erkenntnis heranreifen – als Frucht eines langen Weges der Irrungen vielleicht – oder unvorbereitet und dramatisch über andere hereinbrechen. Immer ist es die Sehnsucht, die uns durch materielle, sinnliche, emotionale und rationale Welten führt, und dabei immer schon das Eine meint. So verstehe ich Sehnsucht, das Wirken des Eros wie das der Schlange, als evolutionäre Kraft der Schöpfung – als Gnade.

Mögen Sie sich jetzt wieder an jenen Zustand erinnern, wo es weder Anfang noch Ende gibt; nichts, das wir nicht sind und nichts, das in unserem Herzen keinen Platz hat? Auch wenn wir uns jetzt dem Gewebe von Eigennutz und (Liebes-)Bedürftigkeit zuwenden, dessen Teil wir auch sind? Meine Verantwortlichkeit und die Beschränktheit meines Handelns, vermag mich noch immer zu verwirren. – Aber, lassen wir doch diese Verwirrung zu, wenn sie sich jetzt einstellt. Denn sie ist ja offenbar in uns und will gesehen werden. Lassen wir ihr so viel Platz, wie sie jetzt braucht; unbeschränkt viel. Indem wir sie liebevoll wahrnehmen, in welcher Gestalt sie sich auch zeigen mag. Können wir sie an unser Herz zu nehmen, einfach so, ohne besondere Erwartung?

Ich weiß nicht, wie es Ihnen damit geht. Viele meiner Freunde – und das ist auch meine Erfahrung – berichten, dass es in ihnen ruhiger wird, wenn sie das Aufwallen ihrer Emotionen auf diese Weise annehmen. Diese gegenwärtige Schau auf das sich im Augenblick Manifestierende führt nicht zum Zuwachs an Faktenwissen, aber zum Verstehen aus einem tieferen Wesen heraus. Was sich vorerst den Worten entzieht, wird wortlos unser Sein prägen und uns zu neuem Handeln führen.

Die Bösen und die Ohnmacht der Guten

Es könnte auch sein, dass vor Ihrem Herzen jetzt „Schuldige" an der ganzen Misere auftauchen: Mächtige in Wirtschaft und Politik, ihre Blindheit, ihr unbeugsamer Eigennutz und, vor allem anderen, ihre hartnäckige Weigerung, hinzuschauen, was sie durch ihr Handeln zu Lasten unserer Lebenssphäre bewirken oder unterlassen.

Das kurze Gespräch mit dem Präsidenten einer der Schweizerischen Großbanken ist mir in lebendiger Erinnerung: *„Ich bin nur ein einfacher Banker"*, erklärte er in überraschender Bescheidenheit auf meine Einladung, gemeinsam dort hinzuschauen, wo unsere Art zu wirtschaften Not bewirkt, *„und ich kann nicht denken, was Sie denken – und ich will es auch nicht."* Ein Nebel von Ohnmacht und Wut umhüllte meinen Verstand, beraubte mich der Sprache und trug zum raschen Ende der Unterhaltung bei.

Die Welle von Ärger und Wut, die noch Jahre danach, bei jeder Erinnerung an das Gespräch aufzusteigen pflegte, hat mich – ebenso wie das Aufwallen der schadenfrohen Genugtuung beim späteren Scheitern seiner Machtpolitik – gelehrt: Wenn ich den „Bösewicht" aus dem Zentrum meiner Aufmerksamkeit entlasse und mich dafür den emotionalen Aufwallungen zuwende, die ja meine Eigenen sind, beruhigen sie sich und beginnen zu sprechen. Die Ohnmacht ist es, die mir im Stillen gesteht, dass ihr so ein schwarzes Schaf gerade recht kommt: ein Sündenbock, als Ablenkung vom eigenen Schmerz, dessen sie sich so sehr schämt.

Unversehens stehe ich auch im Dialog mit der Stimme meines Selbstwerts. Er braucht jetzt dringend meine liebevolle Zuwendung. Der innere Kritiker setzt ihm zu; denn es gibt niemanden, der ihn so vernichtend herabzusetzen und in Frage zu stellen vermag, wie dieser perfide Geselle. Über Generationen hinweg hat ihm die Konditionierung der ursprünglichen Lebens- und Gefühlsimpulse nach den gesellschaftlichen Konventionen eine dämonische Macht verliehen. Doch davon später.

Paradigmenwechsel: Chaos und Wandel

Es ist nicht zu bestreiten: Ohne Regeln für das Zusammenleben, wie sie auch Tiere kennen, und aus Erfahrung und Reflexion entstandene moralische Grundsätze hätte der Homo Sapiens wohl nicht bis heute überlebt, und es scheint durchaus, als wären die meisten der weltweiten Krisen auf den Verfall dieser Orientierungskräfte zurück zu führen. Andererseits liegt es in der Natur der Bewusstseinsevolution, wenn einst wirkungsvolle Paradigmen im Lichte neuer Erkenntnisse brüchig werden und am Verlust ihrer Glaubwürdigkeit wieder zerfallen. Der rationale Verstand ist gnadenlos im Aufdecken solcher Schwachstellen und in der laufenden Dekonstruktion der überholten Glaubenssätze. Freilich geschieht diese Entwertung oft schneller, als uns angesichts der unausweichlichen Folge lieb ist: Denn immer tritt erst Chaos an die Stelle der zusammenbrechenden Ordnung, und es herrscht, bis sich – im günstigen Fall – eine neue, glaubwürdigere Idee manifestiert und von einem wesentlichen Teil der Gesellschaft als neues Paradigma übernommen wird. Ist jedoch die Zeit dafür nicht reif, fällt das zunehmend unerträglicher werdende Chaos in eine frühere Ordnung zurück. Die Stimmen, die an den bewährten, Sicherheit versprechenden Zuständen festhalten wollen, gewinnen die Oberhand. Die offensichtlich noch nicht genügend lebensfähigen Triebe des Neuen fallen der Regression zum Opfer. Nach lebendigen Beispielen brauchen wir heute nicht weit zu suchen. Mit einer Vehemenz, die viele nicht mehr für möglich gehalten hätten, wird das Böse mit dem Schwert bekämpft, obwohl für jene, die es wollen, zu sehen ist, wie der Hydra für jeden abgehauenen Kopf unzählige weitere nachwachsen; im Krieg der Meinungen wie auch der Waffen.

Der innere Kritiker: Dämon und Begleiter

Durch die dämonische Macht des Kritikers und den Zerfall überlebter Ordnungen sind wir ins Chaos geraten. Das ist nicht zufällig, denn der Schatten, den die uns be- und verurteilende Instanz in uns selbst generiert, projiziert sich unweigerlich auf das Gegenüber. Noch immer haben die Demagogen deshalb ein leichtes Spiel, wenn sie diese in der Gesellschaft gärenden Kräfte auf einen gemeinsamen Gegner lenken. Um wie viel segensreicher wäre es, diesen Kräften, die so vehement ins kollektive Bewusstsein drängen, das Gehör zu schenken und sie zu befragen.

Da alle gesellschaftliche Veränderung beim Einzelnen beginnt, finden wir uns nach diesem Exkurs ins Kollektive wieder in bester Gesellschaft: Mit uns selbst. Was ist denn das Neue, das unserem inneren Kritiker die Macht entziehen kann: Seine Macht, unser Verhalten aus dem Versteck des Unbewussten zu steuern, und uns gerade dann von der schöpferischen Quelle zu trennen, wenn wir vor entscheidenden Herausforderungen stehen?

Wenn ich andere Menschen zum Zwiegespräch mit den von ihnen als blockierend und zerstörerisch erfahrenen Kräften begleite, zeigen diese meist zuerst ihr bedrohliches, oftmals dämonisches Gesicht; wie wenn sie damit ein verunsichertes Ich abschrecken wollten. Treten wir solchen Dämonen mit Vertrauen in die Stärke unseres Herzens gegenüber und befragen sie nach ihrer Funktion, zögern sie nicht zu erklären, wie sie seit jeher zu unserem Wohl beitragen und dies auch weiterhin tun wollen. So auch der innere Kritiker, der uns durch seine Interventionen vor dem Versagen in den Augen anderer bewahrt, indem er dafür sorgt, dass wir unseren eigenen Wert ständig in Frage stellen. Unsere Angst, nicht gut genug zu sein, ist die Nahrung, die den Dämon am Leben hält. Indem wir ihm erlauben, sich in seinen Furcht erregenden Gesichtern auf der Bühne unseres inneren Theaters zu zeigen, erlaubt er uns, seine Wirkungsweise zu verstehen, und wir erkennen seine wahre Natur als eine der zahllosen Masken Gottes. Keiner unserer inneren Dämonen kann dem Auge der unbedingten Liebe widerstehen; über kurz oder lang wird er seine bedrohliche Aura fallen lassen. Den durchschauten Kritiker können wir, früher oder später, in seiner hilfreichen Gestalt als Achtsamkeit wieder finden. Dann wird er zu einem treuen Begleiter; einer, der uns immer wieder neu daran erinnert, auch den ungeliebten Aspekten des Lebens mit Respekt und Liebe zu begegnen.

Liebe Deinen Nächsten wie Dich selbst!

Nach solchen Prozessen der Häutung und Wandlung finde ich mich oft in Dankbarkeit und in tiefem Mitgefühl wieder: Für die eigene Beschränktheit, sie wird wohl Teil meines Menschseins bleiben, und – fairerweise – für die Beschränktheiten aller anderen. Sie sind, wie ich selbst, Manifestationen des einen Seins, Ausdruck universeller Weisheit und Liebe. Nicht anders als ich, befinden sie sich auf dem Weg der Bewusstwerdung – vom Blinden zum Sehenden. Und wo immer sie sich eben jetzt auf diesem Weg befinden: Es ist ihr Recht.

Diese Annahme des anderen in seinem Sosein meint nicht die Verharmlosung oder gar die Sanktion unrechter Sachverhalte und Handlungsweisen. Eine gesellschaftliche Rahmenordnung, die gemeinschaftsschädigendes Verhalten verbietet und bestraft, gehört zum friedlichen Zusammenleben; nicht nur national, auch global. Bei aller Wünschbarkeit der Entwicklung von Ordnung und Gesetz im Einklang mit der menschlichen Bewusstseinsentfaltung kommen wir nicht umhin, völlig nüchtern festzustellen, dass es wohl immer Menschen geben wird, deren Verhalten mehrheitlich durch einfache Überlebens- und Gefühlsimpulse gesteuert wird. Sie brauchen klare Grenzen mit absehbaren Folgen bei deren Überschreiten. Alle fangen – wie Ken Wilber[7] treffend sagt – als Kleinkind an und durchlaufen alle Ebenen der menschlichen Entwicklung; auf jeder Ebene – Vitalkräfte, Emotionalität, Rationalität – sind Schädigungen möglich, die, solange sie unbewusst bleiben, zu destruktivem Verhalten führen werden. Diese Tatsache zu ignorieren, wäre Ausdruck einer naiven Sozialromantik.

Trotzdem plädiere ich mit Überzeugung dafür, die hellen wie die düsteren Aspekte der Welt in ihrem gegenwärtigen Zustand aus dem Blickwinkel der unbedingten Liebe wahrzunehmen: Liebe Deinen Nächsten wie Dich selbst! Auch nach 2.000 Jahren eröffnen diese Worte eine Optik von schonungsloser Radikalität, mit sich tiefer offenbarenden Zusammenhängen und neuen Handlungsmöglichkeiten.

---

7 Wilber, Ken: *Integrale Psychologie*, Freiamt 2001

3 Macht und Ohnmacht – Arm und Reich

So will ich jetzt mit dem Entblättern unserer Zwiebel fortfahren. Unsere Reise in die Tiefe des Erdengeschehens hat ja eben erst begonnen. Dazu folgen wir weiter der Spur des unbezogenen Eigennutzes. Sie ist eine zerstörerische; nicht nur in Bezug auf unsere kostbare Lebenssphäre: Sie bedroht Menschen an Leib und Leben, schafft Ungerechtigkeit und ist letztlich verantwortlich für die zunehmende Entfremdung zwischen Arm und Reich. Wo immer der Stärkere seine Macht zur Mehrung seiner Interessen benutzt, ohne die Wirkung seines Handelns auf sein Umfeld zu bedenken, entstehen Ausbeutung und Not.

Der Vorsprung der westlichen Industrieländer in Bezug auf naturwissenschaftliche Erkenntnisse und deren Umsetzung in wirtschaftliche Prosperität ist der Evolution des Bewusstseins, im Gefolge von Reformation und Aufklärung, zu verdanken. Die Errungenschaften von Demokratie und Marktwirtschaft haben unzähligen Menschen die Chance zu einem Leben in Freiheit und Wohlstand wie auch zu persönlicher Entfaltung gebracht. Trotz Mängeln in der Verwirklichung steht die Überlegenheit dieser Errungenschaften gegenüber den Alternativen – Diktatur und Planwirtschaft – für mich nicht in Frage.

Doch auch die Schattenseiten sind nicht zu leugnen: Die Faszination des Machbaren verführt zu Machtstreben und Eigennutz. Dabei ist Macht an sich wertfrei, jenseits von Gut und Böse. Die Motivation, mit der sie ausgeübt wird, ist es, die ihr das Gesicht verleiht. Genauer: Das Maß an Liebe oder Eigennutz, dem sie dient. So wie Macht im Dienst unbedingter Liebe segensreich zu wirken vermag, wird sie unter dem Diktat der Angst hart und rücksichtslos. Dann werden Kapitalkraft und wirtschaftliche Überlegenheit zu Mitteln von Machtmissbrauch und Gewalt; und im Hintergrund klirren bereits die Waffen.

Die Ausbeutung der Machtlosen

Das hat Geschichte: Der Sklavenhandel – für den korrumpierte afrikanische Stammesführer handelsfähiges Menschenmaterial bereitstellten – hat seine Nachfolge im Ausverkauf kostbarer Vorräte an Rohstoffen gefunden. Noch heute basiert ein großer Teil des Rohstoffhandels auf Beziehungen zu Clans und Herrschersippen, die sich dank der reichlich fließenden Erträge an der Macht und am Leben halten. Wenn sich in der leer ausgehenden Bevölkerung politischer Widerstand manifestiert, können die den ungestörten Geschäftsgang garantierenden Machthaber mit diskreter, durchaus auch handfester Unterstützung seitens ihrer Kunden rechnen. Zurzeit schaut die Welt untätig zu, wie in Darfur hunderttausende von Menschen zwischen den Erdölinteressen der Mächtigen zerrieben werden. Der Sicherheitsrat der UNO ist durch das Vetorecht der Mächtigsten gelähmt; wie immer, wenn deren eigene Interessen im Spiel sind. Dieser unseligen Verknüpfung von Macht und Eigennutz ist es schließlich zuzuschreiben, dass die Bevölkerungen der rohstoffreichsten Länder wie Brasilien, Venezuela, das mexikanische Chiapas sowie zahlreicher afrikanischer Nationen zu den ärmsten der Welt gehören.

„Es ist unglaublich, aber wahr", schreibt Hubert Sauper, Autor des Films „Darwins Alptraum"[8], *„dass, wo immer in einer relativ armen Gegend ein wertvoller Rohstoff entdeckt wird, die Menschen im Umfeld des neuen Reichtums elend zugrunde gehen. Ihre Söhne werden zu Wächtern und Soldaten, ihre Töchter zu Dienerinnen und Huren."*

---

8 Sauper, Hubert: *Darwins Alptraum*, DVD, München 2006

Sein Film zeigt, wie eingeborene Fischer den im afrikanischen Viktoriasee ausgesetzten Nilbarsch einbringen und in Fabriken zerlegen. Der Nilbarsch ist hier fremd; mit seiner Gefräßigkeit ist er auf dem besten Weg, die vielen kleineren Fischarten sowie, durch den Verzehr der Nachkommenschaft, auch die eigene Art auszulöschen. Täglich werden 500 Tonnen Fischfilets exportiert: Zwei Millionen Portionen „Viktoriabarsch", die in Europa ihres günstigen Preises wegen zügig abgesetzt werden. Für die große Zahl der Seeanwohner, die durch das Aussterben der kleineren Fischarten einen wesentlichen Teil ihrer Ernährungsbasis verloren haben, bleiben die Produktionsabfälle übrig. Die Abwässer der Industrie und der übervölkerten Siedlungen fließen ungeklärt in den See. Die früher von den Kleinfischen verzehrten Algen wachsen ungehemmt, und der größte See Afrikas ist auf dem Weg, zur Kloake zu werden. Der Gewinn des ausbeuterischen Geschäfts fällt dort an, wo der Fisch importiert, verkauft und konsumiert wird; ein Teil davon fließt auch in die Taschen der Exporteure und ihrer Hintermänner. Um die Ausnutzung auf die Spitze zu treiben, transportieren die Flugzeuge auf dem Herflug Waffen für Machthaber und Rebellen in afrikanische Krisenländer. Dies reduziert die Transportkosten – zugunsten der europäischen Konsumenten. Internationale Wirtschaftsexperten gratulieren Tansania zum Erfolg.

Die ehemaligen Kolonialmächte setzen ihre alte Politik fort, indem sie aus den Drittweltländern vorab unverarbeitete und anonyme Rohware zu billigen Preisen importieren, um sie selbst zu verarbeiten. So erhebt beispielsweise die EU auf den Import unverarbeiteter, gefrorener Thunfische aus Drittweltländer keinen Zoll; wollen jedoch die gleichen Länder Thunfisch in Büchsen exportieren, verlangt die EU einen Importzoll von 24 Prozent. Damit nimmt die EU den Entwicklungsländern eine Möglichkeit der eigenen Wertschöpfung, die diese für den Aufbau ihrer Infrastruktur dringend benötigen – um sie dann durch Entwicklungshilfe weiter in Abhängigkeit und Armut zu halten.

Der Handel mit dem Nilbarsch und dem Thunfisch steht für unzählige andere Beispiele kolonialistischer Ausbeutung, die aufzuzählen nicht der Zweck dieses Buches ist[9].

Die Aussperrung der Ohnmächtigen

Während ich dies schreibe, trifft die Nachricht vom Scheitern der Entwicklungsrunde der Welthandelsorganisation (WTO) ein. Fairere Möglichkeiten des Warenaustauschs hätten ursprünglich Millionen Menschen im Süden aus der Armut befreien sollen. Nun sind die Gespräche am Agrarzwist zwischen den Reichen und den Armen gescheitert: Die Entwicklungsländer wollen ihre Märkte für Industriegüter aus dem Norden erst dann öffnen, wenn die reichen WTO-Mitglieder ihren Agrarprotektionismus abbauen.

Die EU und die USA unterstützen in ihren Ländern die landwirtschaftliche Überproduktion und deren Absatz auf dem Weltmarkt zu Dumpingpreisen mit schätzungsweise 28 Milliarden Euro respektive 23 Milliarden Dollar.[10] So kommen etwa amerikanische Maisexporte zu einem Zehntel ihrer effektiven Produktionskosten zustande, während europäisches Gemüse auf dem Markt von Dakar zu einem Bruchteil des Preises der lokalen Erzeugnisse angeboten wird.[11] Tausende indischer Bauern geraten in die gnadenlose Falle der Schuldensklaverei, weil sie die teuren, gentechnisch veränderten (aber nicht reproduktionsfähigen) Baumwollsamen aus den vom verfälschten Weltmarkt diktierten Erlösen nicht bezahlen können – erst recht nicht nach einer Missernte.

---

9 Reichhaltige Informationen bietet der *Atlas der Globalisierung*, Paris/Berlin 2003

10 Luis Morango, *Ofxam-Vertreter in Brüssel*, Tages-Anzeiger Zürich 26.7.2006

11 Wagenhofer, Erwin: *We feed the World* (Kinofilm), 2006

Dabei wäre der Verzicht der reichen Länder auf die exportwirksame Subventionierung ihrer landwirtschaftlichen Produktion ohne Zweifel das nächstliegende und wirksamste Mittel zur Befreiung vieler Drittweltländer aus der Armutsfalle. Bei kostengerechten Weltmarktpreisen könnten diese mit ihren traditionellen Produkten – und vor allem vermehrt aus eigener Kraft! – den Anschluss an die Globalisierung finden.

Wir kommen nicht umhin, uns zu vergegenwärtigen, dass der Wohlstand in den reichen Ländern zu einem Teil auf der Not von Menschen in anderen Regionen der Erde beruht. Wir können uns auch als Einzelne nicht aus der Verantwortung stehlen. Wähler und Konsumenten vermitteln Politik und Wirtschaft paradoxe Signale: Der materielle Wohlstand soll weiter ansteigen, dank Wirtschaftswachstum und tieferen Preisen, bei sinkenden Steuern und Abgaben. „Geiz ist geil".

Wenn es jetzt im Sonnengeflecht rumort oder sich das Herz zusammenzieht, sehe ich diese Aufwallungen der Gefühle – Sie wissen es schon – erst einmal als Resonanzen auf die Inhalte, die wir uns soeben zu Gemüte geführt haben. In der Tiefe liegen die eigenen Verwundungen, die wir uns womöglich nie eingestanden haben, und deren Existenz wir vielleicht nur dunkel ahnen. Jetzt machen sie sich, stimuliert vom äußeren Geschehen, bemerkbar. Hinter der lähmenden Ohnmacht, die uns im Angesicht des Machtmissbrauchs durch andere befällt, liegen eigene Schuldgefühle, die wir einst übernommen und uns haben einprägen lassen. Wohl können wir das aus Ohnmacht und Schuld gebraute Unbehagen wegschieben oder gar in friedfertiger Meditation „loslassen". Dann aber wird es weiter im Schatten motten, bis wir uns entschließen, den Dingen mit offenem Herzen ganz auf den Grund zu gehen; sonst wird sich das explosive Gemisch am Funken irgendeines, sich gerade dazu anbietenden Anlasses entzünden, der mit dem Ursprung nur entfernt zusammenhängt. Ich weiß, wovon ich schreibe.

Pilatus

Es ist noch nicht lange her, dass eine nahe Freundin mich fragte, ob ich die Natur der hartnäckigsten Stolpersteine kenne, die mich immer wieder in alte Verhaltensmuster zurückzuziehen vermögen. Augenblicklich stieg ein archaisches Bild wieder in mir auf, das mich schon einmal, vor bald zwanzig Jahren, in einer geführten Bilderfahrung gepackt hatte: Als Pilatus stand ich neben Christus und überantwortete ihn der nach seiner Kreuzigung rufenden Menge. Das Gefühl schwerer Schuld umnebelte mich, als unvermittelt ein liebevoll lächelnder Christus vor mir stand. Ob ich vergessen hätte, dass dies ein abgesprochenes Geschenk an die Menschheit gewesen sei, fragte er, und meinte, dass ich damals nicht anders hätte handeln können; es gäbe keinen Grund, mich schuldig zu fühlen.

Wohl, ob der Rätselhaftigkeit dieser Erfahrung, hatte ich es seither vermieden, ihr auf den Grund zu gehen. Jetzt aber sah ich klar: Indem ich der Erwartung der Menge gefolgt war, hatte ich die unbedingte Liebe verraten; aus Angst vor dem Verlust der äußeren Anerkennung. Heftig begann mein Herz zu schlagen. Wie unendlich hilflos würde ich mich vor dem Dilemma zwischen bedingter und bedingungsloser Liebe fühlen, wenn es bedeutete, für die eine Liebe das mir Nächste hinzugeben? Wie viele Male habe ich wohl schon versagt? Zweifel ohne Grenzen bestimmten, wie auch jetzt wieder beim Schreiben, meine Empfindungen.

Ein nächster Flash: Meine Empfindlichkeit gegenüber kleinsten Vorwürfen, die mich zu emotionalen, weit über den Anlass hinausgehenden Explosionen führen. Meine Angst, falsch zu sein. Ich höre die Stimme Elisabeths – meiner Frau – wie sie mich zum x-fach wiederholten Mal an das Milchsieb erinnert, das ich nicht ausgespült habe. Allein der gedehnt mahnende, sich nach oben wendende Klang, mit dem sie meinen Namen – Haaans – singt, verengt mein Herz, das doch dem Dunkelsten des Dunkeln standhalten will.

Nichts ist jetzt dunkler als der Zweifel, und ich weiß, dass er mir keinen Ausweg lässt. Nur auf seinem tiefsten Grund kann ich den Frieden mit mir finden; auf dass der kleinen Stolpersteine weniger werden, die mich im Alltag aus der Fassung bringen.

Am Tag nach dem Schreiben dieser Pilatus-Passage bin ich zur Craniosacral-Therapie angemeldet. Mein Becken beschert mir unangenehme Rückenschmerzen, vor allem beim Aufstehen am Morgen; es scheint sich wohl wieder einmal verschoben zu haben.

Die Therapeutin bestätigt meinen Befund: Verdreht fühle es sich an; genauso wie wenn ich mit dem rechten Bein einen Schritt nach vorne täte und den Fuß dabei nach innen drehte. *„Verteidigungshaltung?"*, entfährt es mir. *„Ja, vielleicht, und das linke Bein hängt noch in der Vergangenheit?"*, fragt sie zurück. Ich erzähle ihr die Pilatus-Geschichte und wie sie sich nach Jahren wieder zurückgemeldet hat. Als ich meine Vermutung mit ihr teile, dass die Lösung – von der ich keinerlei Vorstellung hätte – wohl nur auf dem tiefsten Grund des dunkelsten Zweifels zu finden sei, verändert sich meine Körperempfindung schlagartig. Genau dort, wo sie ihre Hand hingelegt hat, in der rechten Beckenschaufel, beginnt es jetzt zu vibrieren; warm wird es und lebendig. *„Und wie!"*, antwortet sie auf die Frage, ob sie die Veränderung auch wahrnehme, *„es ist fast so, wie wenn das Becken wieder frei tanzen möchte."*

Im archaischen Pilatus-Bild verbindet sich mein alter persönlicher Konflikt mit den lebendigen Spuren der Menschheitsgeschichte in mir, eine Art von kollektivem Gedächtnis mag es sein, das ich mit den Menschen aus meinem Kulturkreis teile. Wie diese im Körper, in den Gefühlen und Gedanken gespeicherten Prägungen sich nun bemerkbar machen und auf den Dialog eingehen, wenn ich mich ihnen zuwende, kommt mir wie ein Wunder vor. Ein Wunder, das gleich zur nächsten Frage führt: Wenn wir uns selbst als individuelle Manifestation ein und desselben Seins oder Urgrunds begreifen, hat dann solch tiefes Verstehen und

Heilen auch eine Wirkung auf das Kollektiv, die menschliche Gemeinschaft? Durch alle Ebenen hindurch: Über die Prägungen im Gedächtnis der Zellen, wo sich die Spuren körperlicher Traumatisierungen finden, sowie in den tief verwurzelten Reaktions-, Gefühls- und Denkmustern? Wenn zwei oder drei zusammen sind in meinem Namen ...? – Wir können es (noch) nicht wirklich wissen, zumindest nicht nach den bekannten Messnormen.

Ein Exkurs: Schuld und Verantwortung

Das Thema ist mir wichtig; deshalb hole ich an dieser Stelle weiter aus: Einige wenige meiner Freunde bestehen nämlich darauf, dass die Fähigkeit, Schuld zu empfinden, eine Voraussetzung zur Wiedergutmachung und Verhaltensänderung sei. Dem widerspricht meine Erfahrung in der Begleitung vieler Menschen: Das Gefühl, schuldig zu sein, belebt weder ihren Geist noch fördert es konstruktives Denken und Handeln. Dabei wäre Geistesgegenwärtigkeit gerade dann, wenn uns Fehler geschehen oder bewusst werden, besonders gefragt; damit wir korrigieren können, was zu korrigieren ist. Sollten Sie also zu jenen gehören, die Schuld als positive Kraft erleben, will ich Sie nicht vom Gegenteil überzeugen. Diese Reflexionen sind an jene gerichtet, die Schuldgefühle als lähmend erfahren und sich durch sie in einem Gefühl der Minderwertigkeit fixieren lassen. Für sie bezeichne ich Schuld als ein destruktives, einem überholten Paradigma angehörendes Konzept. Eines, das so lange gute Dienste leistet, als vitale und emotionale Regungen nicht anders als durch die Drohung mit Schuld und Strafe im Zaum gehalten werden können. Sobald jedoch, als Teil der Bewusstseinsentfaltung, die Fähigkeit des Menschen zu eigenverantwortlichem Handeln an die Stelle der Moralgesetze tritt, hat es ausgedient. Es geht um nicht weniger als den Paradigmenwechsel von der Angst zur Liebe oder von der Opferhaltung zur Eigenverantwortung. Ist in uns die Weisheit des Herzens an die Stelle von Angst und Druck getreten, weiß sie zu jeder Situation um die stimmige Verhaltensweise. Im Zweifelsfall folgen wir jenen Handlungsoptionen, die von Freude und Liebe geprägt sind. Indem wir jenen Werten nachleben, die für uns Lebenssinn bedeuten, werden wir niemals leer ausgehen, sogar – oder erst recht – wenn wir den angestrebten Erfolg verfehlen sollten.

Ich rede nicht beliebiger Verantwortungslosigkeit das Wort. Im Gegenteil: Ich wünsche mir, dass immer mehr Menschen die ganze Verantwortung für ihr Fühlen, Denken und Handeln übernehmen. Das können sie nicht, solange sie im Schuldbewusstsein verharren.

Alle „Schuldigen" die uns beschäftigen – die inneren und die äußeren – gehören an unser offenes Herz: In jene Liebe, die nichts ausschließt und alles umfasst. Dort sehen wir sie als (noch) nicht Sehende – blind für die Folgen eigenen Handelns, vielleicht auch nur in zeitweiliger Verblendung, die verhüllt, was sie eigentlich schon wissen.

Kennen wir dies nicht aus eigener Erfahrung? Behalten wir dies im Herzen, gerade jetzt, wo wir dem Kern der Zwiebel noch näher kommen und die Tränen reichlicher fließen?

Terrorismus: Ein Krieg der Kulturen?

Wo immer Not, Schmerz und Wut herrschen, ist der Schritt zur Gewalt nicht weit; erst recht dort, wo Menschenleben wenig gelten und die Aussichten auf eigenes Glück in diesem Leben den Gefühlen von Aussichtslosigkeit und Resignation gewichen sind. Wie werden jene Millionen junger Menschen der ärmsten Länder den Wert ihres Lebens erfahren, wenn sie ihre Arbeitskraft ins Erwerbsleben einbringen wollen und dann einsehen müssen, dass es für sie keinen Bedarf gibt?

Die gewaltsamen Auseinandersetzungen, wie sie der westlichen Welt in Form des Terrorismus derzeit entgegenschlagen, werden dann nur ein Anfang sein. Für Menschen, die mit der Hoffnung auf eigenes Glück in diesem Leben abgeschlossen haben, kann das Versprechen „ewigen Glücks", wie es Führer fundamentalistischer Gläubigkeit aller Kulturen und Religionen seit jeher als Opium für das Volk verkünden, die letzten Grenzen auflösen: Zur totalen Aufopferung ihrer selbst im Vernichtungskampf gegen das Böse.

Nicht nur für die Ärmsten in absolutistisch regierten Drittweltländern verkörpern die reichen Nationen das Böse. Auch viele junge, gebildete Menschen durchschauen den unseligen Pakt ihrer korrumpierten Herrscher mit den großen Wirtschaftsmächten. Der Reichtum aus dem Verkauf der nationalen Ressourcen sowie der wachsende Wohlstand aus der Integration in den Welthandel verbleiben in den Händen der Machthaber und der mit ihnen verbundenen Sippen. Natürlich widersetzen sie sich der Erneuerung ihrer überlebten Herrschafts- und Gesellschaftsformen zugunsten von Menschenwürde und -rechten. Dessen ungeachtet dürfen die Vertreter der alten Ordnung mit der Unterstützung seitens der Industrieländer rechnen, solange der Rohstoffhandel nach deren Wünschen funktioniert. Man könnte meinen, die viel gepriesene Förderung der demokratischen Kräfte werde immer nur dann thematisiert, wenn es eines Vorwandes bedarf, um trotzige Potentaten gefügig zu machen. Dass dieses Spiel durchschaut wird und sich der Volkszorn schließlich gegen die westlichen Wohlstandsländer richtet, ist nicht verwunderlich; sind sie doch die Komplizen der morschen Herrschaftsgefüge.

Deshalb greift es zu kurz, im islamischen Terrorismus lediglich den *„Clash of Civilisations"* oder den *„Krieg der Religionen"* zu sehen; es hieße auch, sich der Mitverantwortung zu entziehen. Wir sind vielmehr Zeugen – und Mitwirkende – in einer Auseinandersetzung zwischen Rückständigkeit und Moderne. Der

Westen spricht dabei vordergründig Aufklärung und Moderne das Wort, denen er seinen Wohlstand verdankt; und stützt gleichzeitig die Rückständigkeit, wo sie wirtschaftlichen Nutzen und Machterhalt verspricht.

Das doppelbödige Verhalten der Wohlstandsländer treibt die nach Veränderung dürstenden Menschen geradezu in die Arme der religiösen Fundamentalisten. Die Bewahrer eines mythischen und rachsüchtigen Gottesbildes profitieren von einem Zuwachs an Macht und Einfluss, wie er in einer sich modernisierenden Gesellschaft undenkbar wäre. Geschickt bedienen sie sich der Not ihrer Gläubigen und schicken sie in den Kampf, versehen mit dem Versprechen ewigen Glücks und neuzeitlichen Vernichtungstechnologien.

Wenn es derzeit so aussehen mag, als ob das gegenwärtige Chaos in den islamischen Ländern seinen Ausweg in der Regression des religiösen Fundamentalismus finde, dürfen wir nicht vergessen, dass auch der europäischen Aufklärung ein blutiges Wechselspiel von Reformation und Gegenreformation, Inquisition, Dreißigjährigem Krieg sowie der Französischen Revolution vorausgingen.

Die Hoffnung auf einen positiveren Ausgang der Krise ist berechtigt. Die aktuelle Chaostheorie geht davon aus, dass das Gelingen eines evolutionären Schritts in eine differenziertere Ordnung von der ausreichenden Bereitschaft im kollektiven Bewusstsein abhängt, neue Inhalte von größerer Glaubwürdigkeit zu übernehmen, als diejenigen, deren Zerfall in die Krise führte. Den schmerzhaften Weg durch das Chaos muss jede Nation oder Bevölkerungsgruppe selbst gehen. Als Beobachtende können wir vor allem anderen den aufkeimenden Wunsch nach Autonomie und Rechten der Persönlichkeit wahrnehmen und respektieren; die wirksamste Förderung der erneuernden Kräfte ist dann die kritische Überprüfung des eigenen Verhaltens und dessen Auswirkungen auf die im Umbruch befindlichen Nationen und Gruppen.

Der Glaube einiger westlicher Regierungen, die demokratische Entfaltung könne mit Bomben vorangetrieben werden, entspricht der gleichen mittelalterlichen Denkweise, die sie zu bekämpfen meinen. Letztlich stehen sich hier wie dort Fundamentalisten verschiedener kultureller Prägung gegenüber; sie nehmen die Vernichtung von Menschen, ihrer Lebensräume und ihrer Würde in Kauf, im blinden Glauben, dadurch zu einer besseren Welt beizutragen.

Auch dies ist nicht neu: Immer wieder haben im Laufe der Geschichte tiefe Verletzungen von Nationen, Ethnien, Religionen oder Kulturen kaum heilbare Prägungen im tiefen Gedächtnis der jeweiligen Opfer- und Tätergruppen hinterlassen. Werden sie durch neue Spannungen wieder belebt, braucht es nur den berüchtigten Funken im Pulverfass, um die Spirale des Grauens wieder in Gang zu setzen. Denken wir nur an Ruanda, den Kongo, Srebrenica, Gujerat oder Darfur, wo uns in jüngster Zeit Abgründe menschlichen Handelns vor Augen geführt wurden (sofern wir es nicht vorgezogen haben, wegzuschauen). Auch die direkten und indirekten Folgen des Holocaust wirken derzeit auf ihre je eigene Weise auf allen Seiten des Palästina-Konflikts; sie vermögen die ganze Region wenn nicht die globale Gesellschaft in ihren Bann zu ziehen. – Was muss denn noch an Zerstörung geschehen, damit wir aus der Geschichte lernen? Oder anders: Warum tun wir denn nicht, was wir eigentlich schon längst wissen (könnten)?

Angst – und die Manipulation der Massen

Andersartigkeit – Unterschiede von Hautfarbe, Körperbau, Glaubensvorstellungen, kulturellen Prägungen – bietet sich auch im Zeitalter der Globalisierung als Projektionsfläche und Auslöser von Massenphänomenen an. Wo immer die Angst regiert, sei es als Folge echter Not oder auch nur als imaginäre Bedrohung von Wohlstand, Leib und Leben, bildet sie den Ansatzpunkt zur

Manipulation. Es braucht auf dem Nährboden von Angst und Not nicht viel, um die latenten Emotionen zu schüren und auf das dämonisierte Fremde zu lenken. Auf die hochschlagenden Wellen der Angst folgt jeweils prompt der Ruf nach Gesetz und Ordnung sowie nach einer starken Hand. Fundamentalistische Denkweisen, wie wir sie im Zeitalter der Moderne für überwunden hielten, verengen heute erneut die Sicht. Auch bei uns.

Als wenn es die Katastrophe des 11. September 2001 dazu gebraucht hätte, werden seither im Namen des Kampfes gegen den Terrorismus nicht allein Kriege geführt, die ihrem deklarierten Ziel – mehr Freiheit und Sicherheit zu schaffen – direkt entgegenwirken. Die Bürger, in diesem Falle der USA, wählen nicht nur einen Präsidenten, von dem sie annehmen, dass er sie belogen hat, sondern stimmen damit auch der Beschneidung ihrer Freiheiten durch seine Regierung zu.

Dies führt zur Frage, wer denn von der Manipulation der Massen profitiert. Sind es nicht auch hier immer wieder Einzelne und ihre Interessengruppen, welche durch die Manipulation unbewusster Ängste ihre Macht absichern – aus eigener Angst vor dem Wandel? Dabei nehmen sie Schäden in Kauf, deren Nachwirkungen zu Lasten der Menschheit und ihrer Lebenssphäre wir nicht abschätzen können: Radioaktive Verstrahlung sowie Streubomben und Landminen, die zeitlich weit über den ihnen zugedachten militärischen Zweck hinaus wirken und fast ausschließlich Unschuldige treffen. Nicht zu reden von den Verletzungen der kollektiven Seele der betroffenen Ethnien oder Nationen, die, finden sie keine Heilung, über Jahrhunderte weiter wirken.

Die weltweit größten Waffenexporteure sind die fünf Vetoländer im Sicherheitsrat der Vereinten Nationen: USA, Großbritannien, Frankreich, Russland, China. Waffenhändler sind naturgemäß wenig am Frieden interessiert. Ihr von Korruption geprägtes Beziehungsgeflecht reicht in den Abnehmer- wie in den Zulieferländern oft bis ins Zentrum der staatlichen Macht hinein. Der Waffenhandel ist lukrativ, vor allem wenn die Lieferungen des schwarzen Goldes mit Rüstungsgütern bezahlt werden, die wiederum dem Machterhalt ihrer Empfänger dienen. Aber das hatten wir doch eben schon?

Heute Morgen: Nachrichten im Internet über den Krieg im Nahen Osten: Raketen auf der einen Seite, Bombardierungen auf der anderen. In den Zeitungen engagierte Leserbriefe, die Schuld zuweisen, verteilen oder gewichten. Ein langer Brief von Freunden, die der Schuldzuweisungen und Rechtfertigungen müde sind, die Frieden leben und sich darin mit Gleichgesinnten vernetzen wollen, weltweit. Schließlich landen sie doch bei der Verurteilung Israels, das die sichtbare Zerstörungsarbeit effizienter leistet, und der USA, die, vielleicht tatsächlich, von einem Satelliten als Zentrum einer Wirtschaftszone träumen, der von Marokko bis Afghanistan reicht.

Einmal mehr: Von der Ohnmacht zur Liebe

Ich merke, wie mich das persönlich aufzuwühlen vermag. Auch, wie durch die Gefühlsmauern hindurch eine Stimme dringt: *„Es muss doch schließlich gesagt sein. Schweigen ist keine Lösung."* Ich weiß: Ja, aber wie? Wie können wir jetzt sprechen, ohne Gegenargumente zu provozieren und schließlich noch tiefer im fruchtlosen Knäuel der Gedanken zu enden? Eigentlich weiß ich es: Allein auf einer Ebene jenseits der Gegensätze, auf der wir sie umfassen können. Aber wie denn, wenn mich ohnmächtige Wut wieder packt, allein schon beim Versuch, die von Hass, Schmerz und Leid geprägte Konfliktstruktur wahrzunehmen?

Auch diese Antwort kenne ich: Indem ich mich mit dem Geist verbinde, aus dem alles entspringt; dort wo Gottes Grund mein Grund ist und mein Grund Gottes Grund. Indem ich mich ganz der alles umfassenden Liebe zu eigen gebe: *„Nichts gibt es, das in mir keinen Platz fände."* Kaum ist dies gedacht, nimmt mich schon meine Wut beim Wort; unnachgiebig begehrt sie ihren Platz an meinem offenen Herzen.

Es scheint, wie wenn der Raum um mich über diesem Zwiegespräch eben ein wenig lichter geworden wäre. Hat sich das lockere Gewölk ein paar wärmenden Sonnenstrahlen geöffnet? Vermag Liebe Wolken zu schieben? Ja, sprechen die leuchtenden Augen aus dem wettergezeichneten Antlitz des Wettermachers des Dalai Lama, das in mir eben aufsteigt.

Palästina drängt sich mir in den Sinn, wo sich Araber und Juden noch immer unversöhnlich gegenüber stehen. Semiten sind sie alle beide: Brüder. Warum schauen sie denn nicht auf ihr Land und nehmen wahr, was sie tun? Sehen sie nicht, wie sie den Boden mit Hass und Blut tränken und immer neue Wege der gegenseitigen Provokation erfinden, wie sich Wut, Schmerz und Leid tief eingraben, bis hinein in Fleisch und Knochen, hinein in die aufgerissene Erde, auf der sie einmal in Frieden leben wollen?

Ihnen zurufen möchte ich, was für ein Paradies aus ihrem Land entstehen könnte, wenn sie jene Energie, die jetzt den Spuren des Hasses folgt, in die Liebe zum Sein, zum Mitgestalten ihrer Erde, lenkten. Sie können es wohl nicht hören; denn die brüllenden Wunden aus der Zeitgeschichte übertönen alles; zumal sie den ganzen Schmerz dem augenblicklichen Gegner zuschreiben. Zerschmettern möchten sie ihn, ins Meer treiben, aus den Augen, für immer.

Es ist so fatal wie verständlich: Menschen und Ethnien, über die radikale Verwüstung an Körper und Seele hinwegging, hatten zumeist keine andere Wahl, als sich einen undurchdringlichen Panzer von Selbstüberwindung und Härte zuzulegen; ohne ihn hätten sie nicht überleben, geschweige denn sich wieder aufrichten können. Vielen von ihnen ist der einst rettende Panzer zur zweiten Natur geworden; zu einer vom Schmerz geschaffenen Rüstung, die ihr Fühlen und Denken noch immer umschließt, durch die sie ihre Umwelt wahrnehmen und mit ihr kommunizieren. Frieden zu schließen – mit der Welt, mit dem Gegner – hieße für sie, nicht nur den stählernen Schutz von Misstrauen und Abwehr aufzulösen, sondern sich der darunter liegenden Wunden anzunehmen und sie zu heilen.

Davon, wie dies vor sich gehen könnte, wissen wir noch viel zu wenig. Die südafrikanischen Wahrheitskommissionen, welche Täter und Opfer (sowie deren Angehörige) gegenüber stellen, sind eine viel versprechende Spur; aber die kollektiven Verletzungen reichen vielfach Jahrhunderte zurück, und die damaligen Täter und Opfer sind längst nicht mehr unter uns, obwohl die hartnäckigen Prägungen der Vergangenheit noch immer blutige Gegenwart gestalten.

Zudem stehen sich die direkt involvierten Kontrahenten nicht allein gegenüber. Sie befinden sich in einem emotional ebenso aufgeladenen globalen Netz von Machthunger (mit der Rohstoffknappheit im Hintergrund), historischen Verletzungen anderer Kulturen und Völker (deren Eigenschwingungen sich gemäß dem Resonanzprinzip gegenseitig beleben) sowie dem teils eingestandenen, teils noch verdrängten Schuldbewusstsein jener, die in den letzten hunderten von Jahren die schmerzvolle Gegenwart auf ihre Weise mitgestaltet haben.

Vom Schreiben aufblickend, sehe ich: Es ist ein milder Landregen über die Natur gegangen. Es ist, worauf sie seit Tagen wartete. Es hätte mehr sein dürfen – vielleicht kommt es ja noch, aber hoffentlich nicht in Form jener Hagelzüge, die uns – so scheint mir – in den letzten Jahren vermehrt heimsuchen.

Auch in mir ist es ruhiger geworden, während ich das schreibe. Ich spüre mein sich wärmendes Herz, auch angesichts der unentwirrbar erscheinenden Verwicklung globalen Ausmaßes. *„Es ist so – im Kleinen wie im Großen"*, sagt es in mir, *„und das gilt es anzunehmen."* Nur wenn wir hinschauen, gegenwärtig und mit klarem Sinn, können wir unsere Rolle finden und verstehen: Das zu tun, was die Situation jetzt von uns braucht, was unseren Gaben und Möglichkeiten entspricht und dies – wenn möglich – ohne uns wieder in ein neues „Wir und die anderen" zu verstricken. – Ich spüre im ganzen Körper, wie es sich in mir entspannt.

4 Out of Africa

Das „National Genographic Project"[12] kommt mir in den Sinn. Eine befreundete Künstlerin, die mit ihren ausdrucksstarken Gemälden dazu auffordert, die Wunder des Lebens wahrzunehmen, die wir laufend zerstören, hat uns darauf aufmerksam gemacht. Rasch waren wir entschlossen, zu diesem faszinierenden Forschungsprojekt beizutragen: Durch zehntausende von Analysen genetischer Spuren zeigt sich im Projektverlauf immer plastischer, wie sich der Homo Sapiens aus seinem Ursprung im Herzen Afrikas über den ganzen Planeten verteilte. Aufregend empfanden wir die Aussicht, uns durch unsere Teilnahme selbst auf irgendeinem dieser Migrationswege wieder zu finden.

Rund acht Wochen nachdem wir – dank einem ausgeklügelten Set von Hilfsmitteln – unsere Zellmuster von der Innenseite der Mundhöhle abgekratzt und in Konservierungsmittel aufgehoben eingesandt hatten, konnten wir aufgrund unserer persönlichen Codeziffern das ungeduldig erwartete Ergebnis im Internet finden; versehen mit ausführlichen und hilfreichen Erklärungen sowie Zugriffsmöglichkeiten auf zahlreiche Texte, Abbildungen und Videos.

Die mitochondrische DNA meiner Frau Elisabeth zeigt die Spur einer Wanderung von Nachkommen einer EVA, die vor rund 150.000 Jahren im ostafrikanischen Hochland ausging, dann erst in nördlicher Richtung und anschließend durch den nahen Ostens nach Zentralasien führte, dort die Verzweigung nach dem von ihr so geliebten Indien eben nicht einschlug, um schließlich zwischen dem Schwarzen Meer und der Kaspischen See weiter den Weg

---

12 Information und Teilnahme: www.nationalgeographic.com/genographic

nach Norden zu nehmen. Die meisten Menschen mit dieser speziellen Kombination von Genmarkierungen lebten heute in Mecklenburg-Vorpommern, schloss der Bericht.

Mein Y-Chromosom führte auf einen vor 75.000 Jahren in Ostafrika lebenden ADAM zurück, dessen Nachkommen sich zuerst ebenfalls nordwärts, entlang des Nils, verbreiteten und dann durch den nahen Osten, die Türkei und Griechenland nach Süditalien weiterzogen. Dort sollen heute die meisten Menschen „meinesgleichen" als Bauern leben.

Die Vorstellung des allen heute lebenden Menschen gemeinsamen Ursprungs als Homo Sapiens im Herzen Afrikas und seiner Verbreitung über den ganzen Erdball im Laufe zehntausender von Jahren vermag mich zutiefst anzurühren. So, wie wir die ganze Schöpfung im eigenen Zustand der Verbundenheit als Ausdruck des Einen Seins erfahren können, so, wie das Universum von den Quantenphysikern als sich laufend erneuernde Manifestation von Tendenzen oder Potenzialen des einen Quantenfeldes verstanden wird, so gibt es auch auf der Menschheitsebene einen gemeinsamen Ursprung: Afrika. So finden wir im Sinne einer großen Holarchie[13] die kleinere Einheit – Menschheit – als Abbild der umfassenderen: Wie oben so unten.

Dass auch die fernste Vergangenheit unserer Geschichte als Gegenwart in uns wirkt, können wir alle ständig erfahren. Die nicht erst dem Homo Sapiens eigenen Überlebensimpulse – essen, trinken, sich vor Witterung und Feinden schützen, die Art erhalten etc. – sowie der starke Zusammenhalt der frühen Überlebensgruppen – Horden, Sippen, Stämme – haben die Menschheit auf ganz unterschiedlichen Wegen in alle bewohnbaren Regionen der Erde geführt. Die Übervölkerung und die Enge bestehender oder neu entdeckter Lebensräume und wohl auch

13 Eine „Hierarchie" von Holons – Ganzheiten – die sich zu umfassenderen Einheiten zusammenschließen: Atome zu Molekülen zu Zellen zu Organismen etc. Auch sozial: Von Familien zu Gemeinden zu Bezirken zu Nationen zu regionalen Gemeinschaften (EU, OAS etc.) bis hin zu einer globalen Ordnung.

gewaltsame Auseinandersetzungen um ihre Nutzung mögen die Wanderungen in Gang gesetzt, aber auch immer wieder von Neuem angetrieben haben. Wir können uns kaum vorstellen, welche ganz verschiedenen Hindernisse topographischer und klimatischer Art unsere Vorfahren auf den Wegen ihrer Wanderung zu überwinden hatten, welch ganz unterschiedlichen Gefahren und Herausforderungen sie begegneten und auf wie je eigene Weise sie zu überleben lernten.

Nicht nur passte sich der Körperbau den angetroffenen Bedingungen an, so wie beispielsweise die Hautfarbe an die Intensität der Sonneneinstrahlung. Die Umwelt formte auch den Charakter: Denken wir nur an die kleinräumigen Unterschiede zwischen den europäischen Alpenvölkern der Nord- und der Südseite sowie zwischen diesen und den Bewohnern der angrenzenden Binnenländer bzw. den Anwohnern der Meere. Wir können die Spuren ihres Überlebenskampfes noch immer an ihrer Lebensart und -einstellung bis hinein in den Habitus und den Duktus ihrer Sprache ablesen. So haben die Völker des Nordens nicht nur einen anderen Bezug zur Sicherung des Überlebens als vom Klima begünstigtere Teile der Menschheit – was sich im Bedürfnis nach Vorsorge, Erfolg oder Ordnung ausdrückt – sondern sie sind auch gewohnt, andere Mittel einzusetzen, um diese Werte zu erreichen und zu erhalten.

Mythos, Religion und universelle Spiritualität

Sicher haben die unterschiedlichen Gesichter des Überlebenskampfs auch die Mythen und Gottesbilder der Menschen geprägt und damit auch die Verschiedenheit der Glaubensbekenntnisse und Kulturen. Ist nicht schon in den frühesten Mythen – um den Wechsel von Licht und Dunkel, Tag und Nacht – neben dem vordergründigen Respekt, ja der Angst vor dem Ausgeliefertsein an eine unvertraute Macht, ein großes Staunen über das Wunder

der Schöpfung enthalten? Ein Staunen, das der Entfaltung des kognitiven Bewusstseins bis heute Stand zu halten vermochte; hinweg über die Kette unerbittlicher Entzauberungen archaischer, magischer und mythischer Gottesbilder im Laufe der Jahrtausende, bis hin zum gegenwärtigen Stand der Naturwissenschaften. Ist es, bei allem Respekt vor den wissenschaftlichen Erkenntnissen, nicht eben doch ein Wunder, wie sich die Menschheit in ihrer Vielfalt an Hautfarben, körperliche Charakteristiken, Temperamenten, Sprachen, Kulturen, Religionen und Mythen entfaltete? Und: Lädt dieses Bild nicht gerade dazu ein – wo immer sich Gegensätze gegenüberstehen – auf die jeweils umfassendere Betrachtungsebene zu wechseln?

So könnte das transkulturelle Gespräch aus dem Wissen um den gemeinsamen Ursprung zu tieferem Verständnis führen als die Auseinandersetzung zwischen den Kulturen. Der transreligiöse Dialog wäre fruchtbarer als der interreligiöse, wo das „Feiern der Unterschiede", das heißt die Rückversicherung im eigenen Glauben, letztlich vor der Schau aus dem gemeinsamen Urgrund steht? Es liegt auf der Hand: Je näher wir dem Absoluten sind, desto relativer die Bedeutung der Unterschiede. Statt Abgrenzung und Trennung nehmen wir Vielfalt wahr; sie zeigt ihren Reichtum umso freigiebiger, je mehr wir uns aus der Identifikation mit den Gegensätzen befreien.

Carl Gustav Jung nannte diesen Vorgang die transzendente Funktion. Indem wir die Ebene der Gegensätze überschreiten, nähern wir uns dem Selbst. *„In dieser Bewusstheit"*, schrieb er, *„erfahre ich mich zugleich als begrenzt und ewig, als das Eine und das andere. Indem ich mich einzigartig weiß in meiner persönlichen Kombination, d.h. letztlich begrenzt, habe ich die Möglichkeit, auch des Grenzenlosen bewusst zu werden. Aber nur dann."*[14]

---

[14] Jung, Carl Gustav: *Erinnerungen, Träume, Gedanken*, Hrsg. Aniela Jaffé, Zürich 1962, S. 327 f.

„Der Fromme von morgen wird ein Mystiker sein, einer, der etwas erfahren hat, oder er wird nicht mehr sein", warnte Karl Rahner[15] gegen Ende seines Lebens. In seiner „Integralen Spiritualität"[16] sieht Ken Wilber die Religionen als die berufenen Mittler zwischen der Menschheit und dem Absoluten – wie wir es auch immer benennen – sofern es ihnen gelingt, ihre weitgehend im Mythischen blockierten Gottesbilder und Glaubenssätze so zu wandeln, dass sie auch zum modernen und post-modernen Menschen sprechen. Ich selbst habe die (protestantische) Kirche verlassen und folgte der Sehnsucht nach der eigenen Gotteserfahrung; dass sie mir nach weiten und nicht geplanten Wegen schließlich zuteil wurde, empfinde ich als großes Geschenk: Ich zögere nicht, es Gnade zu nennen. Nicht minder wichtig war es für mich, mich schließlich wieder auf mich selbst als Manifestation des Einen in dieser Welt gestellt zu sehen und nicht in der Identifikation mit einem Glaubenssystem, einer Lehre oder einem äußeren Meister zu verharren.

Diese Erfahrung lässt mich die Möglichkeit einer transreligiösen Spiritualität erahnen. Darin eingeschlossen die Vermittlung der Erfahrung des großen Eins-Seins und seiner Verwirklichung im tätigen Leben mit Hilfe von Gesetzmäßigkeiten, die allen traditionellen Wegen zugrunde liegen; befreit von allen Verkleidungen, die ihrer Rezeption durch die dem mythischen Denken entwachsenen Menschen entgegenstehen. Dass sich daraus für viele eine neue Wertschätzung traditioneller Wege und ein vertiefter Zugang zu ihrer Essenz ergeben können, weiß ich aus eigener Erfahrung. Nur eines wird sich nicht mehr einstellen: Das Bedürfnis nach Abgrenzung gegenüber dem Andersgläubigen, weil ich um das Eine in Allem weiß.

---

[15] Rahner, Karl: *Schriften VII 22*, Düsseldorf 1966
[16] Wilber, Ken: *Integral Spirituality*, Boston 2006

Die Magie der Gruppe

Heute Nacht, gegen Morgen, schreckt mich ein Alptraum auf: Ich befinde mich im Zürcher Kunsthaus und werde Zeuge, wie eine Gruppe bewaffneter Menschen harmlose Besucher in einem Raum zusammentreibt, um sie dort ohne weitere Umstände zu exekutieren – emotionslos, kalt entschlossen. Die Opfer im Inneren eines Kreises, die Schießenden darum herum, leicht erhöht. Ich bringe mich hinter einem Möbelstück, am Boden, in Sicherheit; weiß nicht, ob ich zur einen oder anderen Gruppe gehöre. – Während des Aufwachens erscheinen mir Bilder des Grauens, wie sie mir von Zeugen und Opfern gewalttätiger Gruppen in Bosnien, Gujerat und Ruanda geschildert wurden.

„Das tragen wir alles in uns, als Täter wie als Opfer", redet es weiter in mir, *„so wie wir die ganze Evolutionsgeschichte unserer Vorfahren in uns tragen."* Es kann gar nicht anders sein: Auf dem Weg aus dem gemeinsamen Ursprung haben sich die Horden, Sippen, Stämme, Ethnien mit Sicherheit immer wieder gegenseitig bekämpft; als „die anderen", im Kampf um Lebensraum, wohl auch ums nackte Überleben, wenig wählerisch bezüglich Mittel und Methoden.

Der Religionswissenschafter Mircea Eliade[17] beschreibt, wie die archaische Mentalität nicht in der Lage ist, das Individuelle aufzunehmen, sondern es nur als Exemplarisches zu bewahren vermag. Dementsprechend prägen sich die den Überlebensbedürfnissen entsprechenden Erfahrungs- und Verhaltensmuster als Archetypen aus und gestalten damit den Mythos der Gruppe. Durch die meist grausamen Initiationsriten der Urvölker – wie Kasteiungen, Ausschlagen von Zähnen, Hautritzungen, Fingeropfer, Entfernung von Hoden, Ziernarben, Beschneidung, Subinzensation/Beweihräucherung, Bisse und Verbrennungen – sollte nach

---

[17] Eliade, Mircea: *Kosmos und Geschichte. Der Mythos der ewigen Wiederkehr*, Frankfurt 1984

dem Verständnis des Mythenforschers Joseph Campbell[18] die psychische Energie der jungen Erwachsenen, insbesondere die in ihnen erwachten Lust- und Machtimpulse, in das System gesellschaftlicher Pflichten eingebunden und ihm unterstellt werden; damit von nun an auf die Einzelnen als Organe der Gruppe fester Verlass sei. *„Das Ritual ist lebendig gemachte Mythologie"*, schreibt Campbell, *„und soll erreichen, dass Menschen zu Engeln werden. Denn der archaische Mensch war gar kein Mensch im modernen, individualistischen Sinne des Wortes, sondern die Inkarnation eines gesellschaftlich determinierten Archetyps."*

Mit welcher Kraft die Magie der Gruppe die uns innewohnenden Archetypen und Mythen noch heute zu beleben vermag, habe ich als wohlerzogener junger Mann in meinen ersten Truppendiensten als junger Offizier erlebt. Ich war in einer Einheit eingeteilt, die viel auf ihre Tradition hielt; auch wenn aus den stolzen Kavalleristen von einst mittlerweile Motordragoner geworden waren. Noch immer gehörte es zum guten Ton, gelegentlich aus den gesellschaftlichen Konventionen auszubrechen und Dinge zu tun, an die ein zivilisierter Mensch nicht denken würde. So fanden wir uns an einem späten Abend auf dem Heimweg in unsere Unterkünfte. Ein anzügliches Wort gab das andere und ehe wir es uns versahen, hatten wir fünf Offiziere mittels Pflastersteinen die gesamte Straßenbeleuchtung des Dorfes ausgelöscht. Der Gemeinderat des Dorfes stellte Rechnung für den Schaden, erteilte uns eine Buße und verfügte die persönliche Bezahlung der Schuld an einem der folgenden Abende. Statt Vorwürfen und ermahnender Worte erwartete uns ein gemütlicher Umtrunk mit dem Gemeinderat in corpore. Offensichtlich hatten die archetypischen Kräfte des Männerbundes und eines degenerierten Heldenmythos auch den Gemeinderat zu erfassen vermocht und ihn dazu geführt, sich mit unserem spätpubertären

---

18 Campbell, Joseph: *Mythologie der Urvölker. Die Masken Gottes*, Basel 1991

Unsinn zu solidarisieren. Mit Blick auf die Gegenwart ist es unheimlich zu sehen, wie das Tragen einer Uniform, geprägt durch Symbole einer glorifizierten Vergangenheit, auch den Neuling unmittelbar in ein Informationsfeld hineinzuziehen vermag, dessen emotionale Intensität die Fähigkeit zu vernünftigem Handeln vollständig überschwemmt.

Um wie viel verhängnisvoller ist die Abgabe der individuellen Verantwortung an eine von irrationalen Archetypen und Mythen angetriebene Gruppe, wenn es um Leben und Tod geht oder um die Vernichtung des verhassten anderen? Wenn hohe Ideale, Stolz oder verletzte Würde, wenn Angst, Panik, Macht, Wut und Schmerz das Gruppenbewusstsein überschwemmen? Und wenn die Einzelnen nicht mehr wissen, was sie tun? Das Unheil liegt nahe. Näher als wir uns immer wieder einreden. Wir erfahren es derzeit nicht nur bei archaischen Stammesvölkern und fundamentalistischen Glaubenssystemen, sondern auch in modernster Form: Mythen wie „Wirtschaftswachstum" oder „Erfolg" lassen die Rücksicht auf Umwelt und soziale Verantwortung verblassen und sägen so am Ast, auf dem sie gedeihen.

Direkt harmlos – zumindest auf den ersten Blick – erscheint dagegen das Phänomen randalierender Fußballfans, die sich, verblendet durch die Identifikation mit ihrem Team, die Köpfe einschlagen. Allerdings erscheinen mir die Stimmen, welche in der Fußballeuphorie des Sommers 2006 Anzeichen für eine neue Verbundenheit der Völker wahrzunehmen glauben, in höchstem Maße naiv – leider. Hier ist wohl eher das über Jahrtausende bewährte Rezept am Werk, das Volk durch Brot und Spiele zufrieden zu halten; der Heldenmythos und die Männerbünde dürfen in Form archaischer Gesänge und hupender Autoumzüge hochleben, sofern sie nicht schon vorher im Bier untergegangen sind. Wie schnell die allgemeine Seligkeit in unglaubliche Brutalität umschlagen kann, ist bekannt. Auch hier vermag der Mythos der Gruppe die individuelle Verantwortlichkeit in sich aufzusaugen.

Alles hat zwei Seiten

Viele von uns sind denn auch durch die Magie der Gruppe und ihre oft vereinnahmende Wirkung geprägt; und wir tendieren dazu, uns in ängstlicher Weise abzugrenzen. So geschah es mir kürzlich, als ein mir lieber Freund die Gruppe während einer Meditation dazu aufforderte, sich die Hände zu geben. Unversehens standen mir die Haare zu Berge und, schneller als ich denken konnte, verließen einige schroffe Worte der Abgrenzung meinen Mund. Ich empfand die Aufforderung zum Händehalten als Evokation eines archaischen, für aufgeklärte Menschen nicht mehr angemessenen Zusammengehörigkeitsgefühls. Gleichzeitig fühlte ich, wie ich mich durch mein Verhalten aus der Gruppe ausschloss; völlig unfähig, darüber vor Abschluss des Workshops in entspannter Weise zu kommunizieren.

Erst im rückblickenden Gespräch mit einer Kollegin vermochte ich einzusehen oder besser mich wieder zu erinnern, dass die in uns wirkenden Prägungen aus der Frühgeschichte der Menschheit auch ihre segensreichen Aspekte haben: Ohne die Kraft der Zusammengehörigkeit hätten die Sippen und Stämme die Strapazen der weiten Reise über die Erde nicht überlebt; die für uns kaum vorstellbaren Herausforderungen hätten die Kräfte Einzelner mit Sicherheit aufgerieben. Auch heute vermögen uns die verbindenden und wärmenden Qualitäten im Kreise von Freunden und der Familie zu beglücken. Der Kreis scheint eine magische, das kollektive Wissen evozierende Form zu sein; auf den Kreis eingestimmte Teams kommunizieren besser und bewältigen Größeres als eine gleiche Anzahl von Einzelgängern. Ausgerechnet im eben erwähnten Workshop hatten wir uns der Spurensuche nach dieser (positiven) Magie des Kreises verschrieben: Nach der kollektiven Weisheit von Gruppen als Quelle gemeinschaftlichen Handelns aus dem Geist universeller Liebe und Weisheit.

Vielleicht ist die eben als persönliche Erfahrung geschilderte Metamorphose des Händehaltens in eine umfassendere und überraschend reichere Sicht modellhaft, im Hinblick auf die kleinen Prozesse der individuellen und kollektiven Bewusstseinsentfaltung, wie sie der Alltag laufend anbietet? Auch auf dem Weg zu den höchsten Werten kann uns die Identifikation mit der einen Seite – und sei es die Lichteste – unweigerlich in die Regression führen, wo uns – wir wissen es – die im Schatten lauernden Archetypen vereinnahmen und in Denk-, Fühl- und Handlungsweisen führen, denen wir uns längst entwachsen glaubten.

Nur die Integration der Gegensätze aus der jeweils umfassenderen Perspektive führt uns hinaus, aus der fatalen Verstrickung mit den uns innewohnenden Archetypen und Mythen. Die bewusste Wahrnehmung ihrer Potenziale führt uns in die Freiheit der Wahl: Nun sind wir es, die mit ihnen umgehen – und nicht sie mit uns.

Die Macht der Schattenkräfte

Dass dies nicht ohne Reibung und Schmerz abgeht, erfahren alle, die den Weg bewusst gehen. Wenn wir mit diesem Verständnis auf die Welt schauen und wahrnehmen, welche Kräfte hinter den gegenwärtigen Konflikten wirken und sie am Gären erhalten, mag sich auch die Ahnung verdichten, dass es hier um Größeres gehe. *„Der Schatten drängt ans Licht; das ist ein Gesetz der Evolution"*, hörte ich kürzlich beim Erwachen eine Stimme in mir sagen. *„Und die dadurch ausgelösten Eruptionen rufen nach weiten Herzen und tiefem Mitgefühl"*, drängt es mich, anzufügen.

Aus dieser Perspektive des offenen Herzens können uns die scheinbar unerschöpflichen Enthüllungsreihen über Machtmissbrauch, Betrug und Klüngelei in Wirtschaft, Politik und Gesellschaft durchaus ermutigen: Als Teil der umfassenden Bewusstwerdung der Menschheit und als Aufforderung zur Übernahme und Ausübung unserer Verantwortung als Bürger und Konsumenten. So können aus schlechten Nachrichten gute werden – und die gängige Klage über die Medien und ihre schlechten Nachrichten wäre dann eher als Anzeichen fortgeschrittener Resignation oder allenfalls einer besonderen Interessenlage zu verstehen.

Dem Weg zum Innersten unserer Zwiebel folgend – zum das Neue schon in sich bergenden Schößling – will ich den Blick wieder auf unser eigenes Inneres richten. Auf jenen Raum, wo die Konditionierung unserer Lebensimpulse über Generationen hinweg ein Gefüge von Geweben geschaffen hat, das uns – auf je individuelle Weise – vom Fluss des Lebens trennt.

Die Metamorphose des Krawattenmythos

Mehr als 30 Jahre sind seit damals vergangen: Ich war frisch in den Verwaltungsrat des Zürcher Opernhauses gewählt worden, was mich mit Genugtuung und auch einer Prise Stolz erfüllte, galt die Wahl doch meinen persönlichen Qualitäten – der Verbindung von Tatkraft, wirtschaftlichem Verständnis und kulturellem Flair. Dazu kam, dass ich der weitaus Jüngste in einem Gremium war, dessen Mitglieder traditionellerweise eher der Generation meines Vaters angehörten. Die geeigneten Umstände also, um meine Überlegenheit gegenüber den gesellschaftlichen Konventionen zu manifestieren, die mir meine Mutter mit dem dringlichen Wunsch anerzogen hatte, dass aus mir ein akzeptiertes Mitglied eben dieser Gesellschaft werde.

Für meine Befreiungsaktion wählte ich das Exempel der Krawatte, die an diesem Ort des feierlichen Kunstgenusses zum üblichen Anzug gehörte. So verweigerte ich in der Folge konsequent das Tragen dieses, wie ich empfand, unbequemen männlichen Schmuckstücks und unterstrich meine Unkonventionalität, indem ich häufig auch in Jeans zu den Opernaufführungen ging. Was heute durchaus nicht mehr aufzufallen vermag, erregte damals Beachtung und Unverständnis, und das entsprach durchaus meinem Programm.

Es verstrichen einige Jahre – ich muss es gestehen – bis mir dämmerte, dass ich durch mein unkonventionelles Verhalten gar nicht freier geworden war; denn Konvention und Krawatte bestimmten nach wie vor meinen persönlichen Bekleidungscode; einfach mit umgekehrtem Vorzeichen. Immerhin führte mich diese Entdeckung – etwas beschämt zwar – in eine neue Freiheit: Krawatte und Abendanzug zu tragen, wann immer ich dazu Lust hatte, oder eben nicht, wenn mir nicht danach war. Mit der Zeit gewann ich sogar Spaß daran, mich hin und wieder mit einer je nach Stimmung farbigen, eleganten oder rustikalen Krawatte zu schmücken; bis ich, nochmals einige Jahre später, die eigentliche Freiheit entdeckte: Krawatte und Anzug auch dann zu tragen, wenn ich davon ausgehen konnte, dass es dem Ambiente eines Anlasses angepasst erschien, oder auch nur, wenn sich meine Umgebung damit wohler fühlen würde.

Dieses harmlose Beispiel, das ich keineswegs als heroisch hochstilisieren will, zeigt einerseits, wie Konventionen brüchig werden, wenn ihr Sinn nicht mehr einsichtig ist; aber auch, wie Widerstand gegen das Hergebrachte noch längst nicht Freiheit davon bedeutet. Erst wenn das Hören auf die eigenen Wünsche an die Stelle des Widerstandes tritt, beginnt Eigenverantwortung zu keimen. Was ich allerdings erst rückblickend ganz verstehe: Wirkliche Freiheit schließt die Rücksichtnahme auf die anderen Beteiligten mit ein und ist somit ein Akt von Wertschätzung und Offenheit für die ganze Vielfalt der Sitten und Gebräuche. Einmal mehr geht es – wenn auch im Kleinen – um die Integration der Gegensätze.

Der Widerspenstigen Zähmung

Wohl kommt der gesellschaftlichen Integration durch das Einhalten konventioneller Umgangsformen zurzeit wieder eine schicksalhaftere Bedeutung zu als in den siebziger Jahren; spricht doch das Aufblühen der Benimm-Dich-Kurse für aufstrebende Führungskräfte wohl eher für die Angst, den Anschluss zu verpassen, als für erhöhte Lebensfreude im Umgang mit den anderen.

Doch macht dies nicht mehr als die polierte Oberfläche einer uralten Geschichte der Konditionierung der animalischen Kräfte aus; einer noch immer lebendigen Geschichte, deren Hinterlassenschaft die Gegenwart wesentlich dramatischer beeinflusst, als wir uns dies gemeinhin zugestehen.

Dabei ist die Einordnung der Vitalkräfte der Individuen in das Überlebensinteresse des Kollektivs durchaus nicht erst eine Errungenschaft des Homo Sapiens. Wir können uns aber gut vorstellen, wie mit der zunehmenden Entfaltung des einzelnen Menschen aus seiner archaischen Verwobenheit mit der Gruppe auch das Bedürfnis nach gemeinschaftlicher Kontrolle der Sinne, des Fühlens und des bedürfnisgeprägten Handelns zunahm. Davon zeugen die bereits beschriebenen Initiationsriten oder Stammesregeln, die wiederum Mythen und religiöse Gebote begründeten – und schließlich auch die modernen Gesetze und Rahmenordnungen, ohne die wir uns ein friedliches Zusammenleben, erst recht in einer globalen Gesellschaft, nicht denken können.

Unter allen vitalen Impulsen, die von den vegetativen Körperfunktionen im Dienste des Überlebens und der Arterhaltung ausgelöst werden, ist es die Sexualität, welche den sozialen Zusammenhalt schon der frühesten Sippen mehr als alle anderen zu bedrohen vermochte. Deshalb ist sie im Verlauf der Geschichte wohl auch am Nachhaltigsten und mit den grausamsten Mitteln dämonisiert, verfolgt und diszipliniert worden. Da Scham sowie Angst vor Entdeckung und Strafe gegenüber den

Vitalkräften etwa so wirken wie der berüchtigte Deckel auf dem Kochtopf, ist es nicht erstaunlich, dass verletzte und unterdrückte Sexualität noch heute eine der gefährlichsten Quellen menschlicher Aggressivität bildet. Je heldenhafter die eigene Sexualität unterdrückt wird, umso mehr entdeckt sie ihr unheimliches Spiegelbild im zügellosen Gegenüber, sofern sie sich nicht in explosiver Weise Bahn bricht. Die Energie der verdrängten Sexualität wirkt hinter so mancherlei Reibungen in unseren allernächsten Beziehungen wie auch im freund- und nachbarschaftlichen Gerede. Vor diesem Hintergrund vermag sie Gelingen oder Scheitern politischer und wirtschaftlicher Karrieren zu entscheiden; nicht zu reden von den Exzessen pervertierter Sexualität, die als archaische Begleiter mit allen kriegerischen Auseinandersetzungen einherzugehen scheinen; als makabrer Kontrapunkt zur distanzierten Zerstörungskraft der modernen Waffensysteme.

Die Integration der Sexualität

Gesellschaftlicher Bewusstseinswandel beginnt mit der Integration der ans Licht drängenden Schattenkräfte durch jede Einzelne und jeden Einzelnen. Angesichts der Vorstellungen von einer heilen Welt, unter denen wir Anfang der sechziger Jahre unsere Ehe geschlossen hatten, konnte es nicht ausbleiben, dass die Macht der Sexualität mit Vehemenz auch in unsere Ehe einbrach und uns beide dazu führte, unser gutgläubig gegebenes Versprechen auf sexuelle Ausschließlichkeit zu übertreten. Glücklicherweise, wie wir heute sagen, auch wenn wir uns dabei gegenseitig Schmerz bereitet und Vorstellungen zerstört haben, die uns einst Sicherheit bedeuteten. Wir beide sind an diesen Erfahrungen reicher geworden, auf eine Weise, die wir nicht mehr missen möchten. Beide haben wir gelernt, dass wir niemals einen anderen Menschen besitzen können und wie der Wunsch nach Besitz oder Kontrolle eine Beziehung einengt, wenn nicht erstickt. Die

Aufgehobenheit im anderen ist bei allem Glück der Zweisamkeit, das wir durchaus nicht gering schätzen, ein letztlich vorübergehendes Phänomen, das damals dem möglicherweise größten Geschenk im Wege stand, das wir einander machen konnten: Die Entdeckung der unbedingten Liebe, deren Quelle nirgendwo anders als in uns selbst zu erschließen ist – ewig, grenzenlos, unendlich.

Wer weiß, ob wir ohne die Befreiung aus der konditionierten Ausschließlichkeit die jetzige Wertschätzung gewonnen hätten, für die Kostbarkeit einer tiefen und über Jahrzehnte hinweg gewachsenen Partnerschaft?

Die je eigenen Erfahrungen haben uns auch Respekt gelehrt vor der Gewalt der Sinne, die unsere Freiheit zu binden vermag; vor dem Gedächtnis des Körpers und der Emotionen, das uns in Abhängigkeiten halten kann, die weder im voraus berechen- noch immer durchschaubar sind. Das daraus erwachsende Bewusstsein bedeutet Verantwortung für sich selbst wie auch Sorgfalt im Umgang mit den anderen; und – ausgesprochener noch als im Krawattenmythos – das Wissen um das Wesen wahrer Freiheit, die den inneren und äußeren Verhältnissen aller Beteiligten Rechnung trägt.

„Nur ein zerbrochenes Herz ist ein ganzes Herz", hörte ich einst einen religiösen Lehrer sagen. *„Nur ein ganzes Herz kann uns in die Wahrhaftigkeit führen, ohne die Freiheit rasch zur Knechtschaft wird"*, füge ich heute an. Dann kann die Integration der Sexualität gelingen, als entscheidender Schritt in der persönlichen und kollektiven Bewusstseinsentfaltung, als Quantensprung sogar, in eine umfassendere soziale Verantwortung.

Die Freiheit des ganz gewordenen Herzens bereitet schließlich einen weiten Raum für wahrhaftige Nähe und Zärtlichkeit.

Kollaps und Wende: Stirb und werde!

Durch das Aufblättern der imaginären Zwiebel sind wir inzwischen zum Kern gelangt. Nun halte ich ihr Innerstes, den Schößling zwischen den Fingern; nackt ist er, zart und verletzlich. Ob er wohl auf seine ganz eigene Art um den eigenen Ursprung wisse, fragt es in mir. Wie als Antwort taucht das Bild des Samens auf, der das Wissen um die ganze Pflanze schon in sich enthält. Und wie er die feuchte, wärmende Erde braucht: Wasser, Wärme und Nährstoffe, um zu keimen und ins Licht zu stoßen.

Noch tiefer, in der Dunkelheit der Erde, muss der Übergang sein zwischen dem vegetativen Leben und dem, was wir gemeinhin noch immer als unbelebte Materie bezeichnen; obwohl wir längst wissen, wie immer neu und keinesfalls tot die materiellen Phänomene sind. Die Philosophen der neuen Physik verstehen die ganze manifestierte Welt als Ausdruck von Tendenzen und Potenzialen eines allem zugrunde liegenden Quantenfeldes.

Für den Homo Sapiens und seine Nachfahren sind die vitalen Lebensimpulse in ihrem allertiefsten Ursprung untrennbar mit der Angst vor dem Tod verknüpft; sind sie doch ganz darauf ausgerichtet, das Überleben des Individuums oder zumindest die Erhaltung seiner Art zu sichern. Diesen lebensrettenden Aspekt der Angst kennen wir alle aus eigener Erfahrung.

Doch hat die Angst auch ihre andere Seite. Sie drängt uns zu rascher Abwehr, hält uns ab vom Hinschauen in die Abgründe des Seins. *„Gottes Gesichter können grauenerregend sein, und wenn sich in ihrem Angesicht Dein Herz verschließt, so wirst Du zum Spielball der Angst"*, sagte der Brahmane. Die Aktualität dieser Aussage bestätigt ein Blick auf die heutige Erwerbsgesellschaft, wo so viele sich von ihrer Existenzangst, der Angst um den Verlust von Liebe und Anerkennung, in den Burnout treiben lassen.

Letztlich geht es wohl immer um die Angst vor dem großen Übergang, wo wir alle Besonderheiten und Errungenschaften, ganz und gar alles, mit dem sich unser Ich je geschmückt hat, zurück lassen müssen, aber auch Schmach und Schande, die uns drückten; wo Moralvorschriften und Gebote, Mythen und Archetypen, Vorstellungen und Konzepte in Nichts zerfallen; wo alles Relative im Absoluten aufgeht.

Die schwarze Göttin Kali mit ihrem bluttriefenden Mund und ihrem Halsschmuck aus Totenschädeln steht in der indischen Mythologie für den Schrecken des Todes. Sie lässt jene in Todesangst erstarren, die ihrem Angesicht noch nicht standhalten können. Nur wer ihr mit dem offenem Herzen begegnet, darf das Tor bei lebendigem Leib durchschreiten und erfährt ihre wirkliche Natur: Durga, die segensreiche große Mutter, die alles erschafft und erhält:

Ehre der Göttin, der Großen Göttin!
Ehre der Segensreichen!
Ehre Ihr, die alles erschafft und erhält!
Ehre sei immer wieder Durga,
die uns aus der Bedrängnis führt,
die Urgrund ist und Schöpferin von allem!
Ehre, immer wieder Ehre
der Göttin, die in allen Wesen als Bewusstsein lebt,
der Göttin, die in allen Wesen als Weisheit lebt,
der Göttin, die in allen Wesen als Frieden lebt,
der Göttin, die in allen Wesen als Glaube lebt,
der Göttin, die in allen Wesen als Anmut lebt,
der Göttin, die in allen Wesen als Geduld lebt,
der Göttin, die in allen Wesen als Zufriedenheit lebt,
der Göttin, die in allen Wesen als Mutter lebt,
der Göttin, die in allen Wesen als Irrtum lebt![19]

---

19 Aus dem Devi Mahatmya (wörtl.: Herrlichkeit der Göttin), dem mythischen Weisen Vyasa zugeschrieben, von dem auch das große Epos Mahabharata stammen soll.

Dorthin bitte ich jetzt meine innere Stimme, die seit jeher um Sterben und Tod weiß, mich hinzuführen. Folgen Sie mir, wenn Sie der Kraft Ihres Herzens vertrauen!

Wessen ich mir (fast) sicher bin: Sollte die Menschheit vom Kollaps der Lebenssphäre verschont werden, wird sie eine radikale Wende hinter sich haben, eine Transformation des Bewusstseins ohnegleichen.

Angst, Weh oder Wut über den Zustand der Welt vermögen lediglich Vermeidungsstrategien hervorzubringen. Sie sind – so gut sie gemeint oder so raffiniert sie ausgedacht sein mögen – als Ausdruck des alten, lebensfeindlichen Musters – über kurz oder lang zum Scheitern verurteilt.

Nur die Annahme der nackten Gegenwart mit dem offenen Herzen kann uns in das Nächste führen und in die neuen Lebens- und Gesellschaftsformen, die daraus erwachsen.

Sterben um neu zu Leben!

II Intermezzo – Träume und Visionen

Traum und Vision

In mir erklingen die Anfangstakte der neunten Sinfonie von Anton Bruckner. Ein dunkel vibrierender Unisono-Klang der Streichinstrumente. Jetzt stimmen die Holzbläser mit ein. Die acht Hörner kommen dazu; vereint tasten sie sich ausdruckslos in die kleine Terz hinauf, um gleich wieder zum Grundton zurückzukehren. In gleicher Weise erkunden sie die Leere der Quinte. Beiden Ausflügen folgt, wie zur Bestätigung, ein markanter Einwurf der Pauken und Trompeten. Ein unendlich langer, klagender und schließlich doch zärtlicher Moll-Dreiklang baut sich auf, bis schließlich neue Klänge hinzutreten und zu einem hellen Aufschrei des ganzen Orchesters führen. Wie wenn nach einem verheerenden Ereignis erstes Leben seine Fühler auszustrecken begänne, zögernd noch und geprägt vom erfahrenen Schmerz, den Raum auslotend.

Die Klänge führen mich auf ein einfaches Haus zu. Es ist mir nicht weniger unbekannt wie die Straße, an der es liegt. Frauen und Männer sind im Inneren versammelt. Im Kreis sitzen sie. Die Stimmung ist geprägt vom Nachhall einer Erfahrung, die sie allesamt zutiefst erschüttert haben muss. Ganze Gebäude von Vorstellungen, die ihnen einst Sicherheit bedeutet hatten, scheinen eingestürzt zu sein. Einer spricht, die anderen hören zu. Er scheint von einem inneren Feuer entflammt, das sich in der Runde ausbreitet.

Im Dämmerzustand vermag ich mir aus meiner Lebensphase als Musikunternehmer noch vertraute Gesichter zu erkennen. Als Geigenbaumeister, Klavierbauer, Berufsmusikerinnen, Lehrer, Lokalpolitikerinnen habe ich sie gekannt. Sie sind älter geworden, doch es sind auch jüngere, mir nicht bekannte Menschen dabei. Eines scheint sie zu verbinden: Die Musik und das Wissen um ihre Wirkkraft. Nur die Musik vermag die Herzen der Menschen so direkt zu berühren, durch versteinerte Schichten von Schmerz und Leid hindurch. Doch heute bleibt es nicht dabei: Trauer und

Heilung scheinen in diesen Menschen ungeahnte Kräfte freizusetzen.

Eine stille Intensität umgibt sie, wie wenn sie alle um den einmaligen Einschnitt im Fluss der Zeit wüssten; um das jetzt offen stehende Potenzial, aus dem Ruinenfeld der zerbrochenen Konzepte und Hoffnungen Neues zu gestalten.

Kinder und Jugendliche zu erreichen und zu bewegen, ist das sie alle erfüllende Anliegen. Dass der Zugang zu finanziellen Mitteln momentan – und für wie lange noch – versperrt ist, scheint ihre Fantasie anzuspornen. Es gibt so viele ungenutzte Musikinstrumente, die zurück in den Umlauf gebracht werden können. Das Handwerk, sie wieder spielbar zu machen, ist ebenso reichlich vorhanden wie das Können und die Begeisterung, Orte der musikalischen Begegnung zu schaffen.

Bilder von Kindern und Jugendlichen, die im Gesang, im Rhythmus und im Klang aufgehen und sich darin verbinden, ziehen an mir vorbei. Ich sehe, wie alle zusammenwirken, die das ermöglichen – von der Beschaffung der Instrumente bis zur Gestaltung der vielfältigen Strukturen, in der Musik stattfinden kann.

Wie durch einen Kameraschwenk erhalte ich nun Einblick in alle Lebensbereiche: Überall wirken Menschen zum Wohle aller. Es geht um die Versorgung mit dem Notwendigen, aus einem eingeborenen Wissen, die eigenen Gaben und Fähigkeiten jetzt dort einzubringen, wo sie gebraucht werden. Die Musik – noch immer Bruckners Neunte – ist bewegt geworden und entfaltet ihre Lieblichkeit, die aus unermesslichen Abgründen von Liebe zu entspringen scheint: Liebe, die der Schönheit des Klangs ihr Leuchten verdankt.

Schnitt: Mein Geigenbaumeister ist wieder da. Seine Züge verraten die inzwischen vergangene Zeit. Seine Augen leuchten noch immer. Die von ihm ins Leben gerufene Instrumentenvermittlung hat sich entfaltet. Er erzählt mir von ganz neuen Instrumenten, die aus neuen Materialien, aus erneuerbaren natürlichen

Stoffen gewonnen werden; nach Ablauf ihrer Lebensdauer werden sie in den Kreislauf der Natur zurückgeführt. Die wenigen aus erschöpfbaren Rohstoffen hergestellten Bestandteile werden so eingesetzt, dass die Stoffe später ohne Verlust wieder neu verwendet werden können. Um diese Rückgewinnung zu gewährleisten, bleiben die Instrumente Eigentum des Herstellers; er verkauft nur den Nutzen am Instrument und ist am Erhalt der kostbaren Rohstoffe zur hochwertigen Wiederverwendung interessiert.

Lachend weist er mich darauf hin, dass diese Denkweise sich nicht auf sein Unternehmen beschränkt. Er macht meinen Blickwinkel weit und deutet jetzt auf die Erde, die sich im Raum vor mir dreht. Gedanken- oder Erkenntnisblitze schießen mir durch den Kopf: Wachstum aus der Quelle der Sonne. Sie ist die einzige unerschöpfliche Quelle unserer vitalen Existenz. Alle erneuerbare Materie beruht auf ihrer Wirkung. Sie scheint für alle. Arbeitsteiligkeit. Geteilte Verantwortung. Geteilte Fülle. Geteilte Schönheit. Schönheit und Fülle als immer neuer Ausdruck des Einen Seins. Mein Gewährsmann lacht. Sein Lachen erscheint mir als das der ganzen Schöpfung. Die Brucknerklänge türmen sich ins Unendliche. Wie der Klang einer kosmischen Orgel.

Die Intelligenz der Zellen: In Gemeinschaft lebt sich's besser[20]

Noch ganz benommen, sehe ich pulsierende Gebilde vor mir, in einer Flüssigkeit schwimmend. Einzeller scheinen es zu sein, die sich autonom fortbewegen, ihren eigenen Lebensimpulsen folgend. Sie teilen sich, wieder und wieder. Es werden ihrer immer

[20] Weiterführende Lektüre:
Bauer, Joachim: *Das Gedächtnis des Körpers. Wie Beziehungen und Lebensstile unsere Gene steuern*, München 2004
Damasio, Antonio R.: *Der Spinoza-Effekt. Wie Gefühle unser Leben bestimmen*, Berlin 2005
Hüther, Gerald: *Die Macht der inneren Bilder. Wie Visionen das Gehirn, den Menschen und die Welt verändern*, Göttingen 2006
Koechlin, Florianne: *Zellgeflüster. Streifzüge durch wissenschaftliches Neuland*, Basel 2007
Lipton, Bruce: *Intelligente Zellen. Wie Erfahrungen unsere Gene steuern*, Burgrain 2006

mehr. Enge entsteht, ein unheimliches Gedränge. Nun schließen sich Gruppen von ihnen zusammen, vereinigen sich unter dem Druck des engen Raums zu lebendigen Clustern. Lebewesen, die sich, einem inneren Wissen folgend, bewegen, nähren, verbinden und vermehren. Sie scheinen den Einzellern überlegen zu sein, nutzen sie auch als Nahrung.

In Fast-Motion sehe ich jetzt, wie sich solche Clusterwesen zu immer größeren und komplexeren Lebewesen vereinigen. Untereinander verbundene und aufeinander abgestimmte Zellgruppen teilen sich in die verschiedensten Aufgaben: Die einen überwachen den Außenraum, schaffen Verbindung oder warnen vor Gefahren, andere nehmen auf, verarbeiten, integrieren, scheiden aus oder sorgen für die Fortpflanzung. Tragfunktionen bilden sich heraus; auch ein Netz zur Koordination der verschiedenen Impulse und Informationen: Nervenzellen und -bahnen, Nervengeflechte und -zentren, das Gehirn.

Pflanzen und Tiere aller Arten wandern an meinem inneren Auge vorbei. Ein ganzer Garten von kriechenden, kletternden und sich in die Höhe streckenden Kräutern, Sträuchern und Bäumen, ausgestattet mit den verschiedensten Blättern, Blumen und Früchten. Betörende Düfte steigen mir in die Nase und der Gaumen nimmt süße, bittere und würzige Gerüche war. Wie in den biblischen Schöpfungstagen belebt sich die üppige Natur mit schwimmendem, kriechendem, fliegendem und sich auf Beinen fortbewegendem Getier: Fische und Krebse, Schlangen und Echsen, einen Milan sehe ich über seiner ahnungslosen Beute kreisen. Da, aus den Büschen vor mir, schaut mir ein Schimpanse ins Gesicht; ganz direkt und herausfordernd.

Gemeinschaft: Ein Grundmuster der Schöpfung?

Dies alles geht wohl mich an: Wie wär's denn, mich selbst einmal aus der Perspektive einer Zelle zu betrachten? Als Teil einer riesigen Gemeinschaft von Zellen, die alle genau wissen, was sie zu tun haben, damit es dem ganzen Hans – dem Lebewesen, das sie zusammen ausmachen – gut geht?

Diese Zellen wissen offensichtlich auch, was sie brauchen, um ihren Teil beitragen zu können. Unablässig nehmen sie an, weisen zurück, verarbeiten, integrieren, geben ab: Ein ständiges Pulsieren und Vibrieren ist im Gang. So schnell und intensiv, dass es der bewussten Wahrnehmung des Menschen entzogen ist, sonst würde er daran wohl irrewerden. Stellen wir uns vor: Eine Billion, ihre Aufgabe in perfekter Arbeitsteilung erfüllende Zellen – eine Eins mit zwölf Nullen – sind es, die in jeder Sekunde Millionen von chemischen Reaktionen und Interaktionen auslösen und so, ohne dass das Bewusstsein etwas davon wahrnimmt, die Lebensfunktionen des ganzen Körpers aufrechterhalten.

Ist es nicht nahe liegend, in dieser wunderbaren Entfaltung unseres Körpers aus der Verbindung einzelner intelligenter Zellen zu immer differenzierteren Organismen ein Grundmuster der Schöpfung zu sehen? Einen Zug der Evolution, der im Lauf von Jahrmilliarden einfachen Wasserstoff durch immer neue Anziehung, Verbindung und Ganzwerdung in die Unendlichkeit des Kosmos geführt hat? Auf mich wirkt dieses Prinzip der Kooperation um des besseren Überlebens willen unendlich viel tiefer und plausibler als der auf die nackte Überlegenheit des Stärkeren reduzierte Darwinismus. Um wie viel überzeugender noch, wenn ich im scheinbar unendlichen Sog zu immer umfassenderer Ganzwerdung das Wirken elementarer Liebeskräfte zu erkennen vermag. Eros, als unermüdlich neue Verbindungen eingehender Suchender, und Agape, einem umfassenderen Liebesprinzip entspringend, die erst bloß verbundenen Teile zu einem neuen Ganzen vereinend.

Ich mag es nicht wegschieben: Hinter all den Wirren unserer Zeit nehme ich den Sog wahr zur globalen Gemeinschaft. Die wirtschaftliche Globalisierung und der globale Kapitalismus mit ihren Folgeerscheinungen, ebenso wie der an seiner Eindimensionalität gescheiterte Kommunismus, erscheinen mir als noch unvollendete Vorboten eines sich heranbildenden globalen Bewusstseins. Denn in ihrem Kern enthalten sie bereits entscheidende Elemente des Neuen: Kreativität und Eigenverantwortung als Antriebskräfte des Kapitalismus, Solidarität und Gerechtigkeit als tiefste Motivation der kommunistischen Idee. Die Geschichte hat gezeigt, dass sie beide für sich allein nicht überlebensfähig sind: Wie dürre, zum Abbrechen verurteilte Äste der Evolution. Erst die Vereinigung dieser drei – Kreativität, Eigenverantwortung und Solidarität – und ihre Integration durch die Kraft des Herzens vermögen den Weg in die anstehende, neue Bewusstseinsebene zu eröffnen: In das Zusammenwirken aller einzelnen Menschen – ihrer Gruppierungen und Interessengemeinschaften – zum Wohl der Menschheit[21] mit und auf diesem Planeten.

Die Begrenztheit des Lebensraums und die limitierte Belastbarkeit der Biosphäre scheinen der Menschheit den Weg zur globalen Kooperation und zur gerechten Verteilung der Ressourcen zu weisen. Die niederländische Wirtschaftswissenschaftlerin Giok In Liem[22] bezeichnet es als simple Hausfrauenlogik: Keine Mutter lässt ihre schwächeren Kinder verhungern, weil sich die kräftigeren zu Tisch vordrängen.

Gemeinschaftlich leben – oder gemeinsam untergehen?

Die Realität sieht anders aus: Eben jetzt, während ich meine Gedanken zum Thema der globalen Gemeinschaft ordne, sitze ich auf einem Hausboot in den Backwaters von Kerala. Gemächlich

---

21 Ich schreibe bewusst nicht „zum Wohl des Planeten", weil ich davon ausgehe, dass es dem Planeten und der Natur auch ohne Menschen gut gehen kann. Auch für die Schöpfung wäre der Untergang der gegenwärtigen Spezies Mensch nicht mehr als ein Abbruch eines Astes der Evolution, der aber ihre Entfaltung nicht ernstlich gefährdet.

22 Liem Giok In: *Interdependent Economy: From Political Economy to Spiritual Economy*, Lincoln 2005

zieht das Boot durch die stillen Gewässer. An beiden Ufern wechseln sich idyllische Bilder einer zumindest vordergründig heilen Welt ab: Palmenhaine, Reisfelder, belebte Weiler, in denen die Zeit stehen geblieben ist. Hier wäscht eine Frau ihre farbigen Kleider, da lachen uns badende Kinder zu, dort tauchen Fischer nach Muscheln, die sich in ihren Einbäumen zu ansehnlichen Bergen anhäufen.

Vor mir liegen Zeitungen der letzten Tage. Sie berichten über den eben in Paris veröffentlichten Klimabericht[23]. Endlich scheint jetzt Einigkeit darüber zu bestehen, dass wir mitten in einer menschengemachten Klimaveränderung stehen; mit gravierenden Folgen, auch wenn über deren Ausmaß und Zeitdimension verschiedene Annahmen bestehen.

Die Landschaft, die an mir vorbei zieht, liegt oft lediglich 30 Zentimeter über dem Wasser. Ein Anstieg des Meeresspiegels im Rahmen der Prognosen würde schließlich auch diese ganze Region, in der Millionen von Menschen leben, innerhalb von ein bis zwei Generationen unter Wasser setzen; gleichzeitig würde sich die schon heute bestehende Wasserknappheit in anderen, noch viel größeren Teilen Indiens dramatisch verschärfen und zu Dürrekatastrophen führen.

Ein Gefühl der Erleichterung mischt sich in die trüben Aussichten: Klimaveränderungen und ihre Ursachen machen nicht an Landesgrenzen halt; also kann der Ruf nach Lösungen unter Einbezug der globalen Gemeinschaft nicht mehr länger überhört werden. Gerade Indien würde vehement auf die globale Verantwortung für das Weltklima pochen wollen und angesichts seines wachsenden wirtschaftlichen Gewichts auf der Weltbühne auch Gehör finden.

Doch nein: Drei Tage später, wieder mit festem Boden unter den Füßen, entnehme ich den neuesten Meldungen im Internet,

---

23 Intergovernmental Panel on Climate Change (IPCC): *Klimabericht der UNO, 1. Teil*. Paris, Januar 2007

dass nicht allein die USA sich jeglicher globaler Ansätze zur Lösung der Klimafrage entziehen. Neben den bekannten Großverschmutzern unter den reichen Industrieländern lehnen auch Indien, China und Brasilien jede äußere Einmischung ab; obwohl sie bereits heute unter den Auswirkungen der Klimaveränderung leiden und die Zeichen an der Wand gerade ihnen großes Unglück verheißen. Für die Regierungen dieser Staaten ist es noch nicht denkbar, ihre endlich aufstrebende Wirtschaft durch einschränkende Maßnahmen zu bremsen. Im Gegenteil: Das weiterhin angestrebte Wachstum wird einen weiterhin zunehmenden Energieverbrauch bedingen. Mit Blick auf die unnachgiebige Haltung der USA – die weltweit größten Energieverbraucher und Luftverschmutzer pro Einwohner ihres Landes – ist diese Haltung zumindest nachvollziehbar. Während die Arrivierten an ihrem Energieverbrauch festhalten und sich ein Recht zur Luftverschmutzung nach eigenem Gutdünken anmaßen, stehen die aufstrebenden Wirtschaftsländer unter dem Eindruck, die Reihe sei jetzt an ihnen, und sie wollen sich keinerlei Beschränkungen auferlegen. Sie alle wissen, dass dieser Weg zwangsweise in den Kollaps führen muss, und gehen dennoch – unbeirrt und gegen ihr besseres Wissen – weiter auf dem Weg in die Sackgasse.

Fest im Griff der Vergangenheit: Wie Ängste die Zukunft gestalten

Die globale Herausforderung und die derzeitige Unfähigkeit der Menschheit, damit angemessen umzugehen, sind evident. Wie aber, wenn im individuellen ebenso wie im kollektiven Bewusstsein noch ein Potenzial schlummerte, von dessen Erweckung und Entfaltung das Überleben der Menschheit abhinge?

Erinnern wir uns: Die Zellen und die Organe sorgen als große Gemeinschaft für das Wohl und Überleben unseres Körpers. Um ihre vitalen Bedürfnisse zu kommunizieren, sind sie in der

Lage, sich untereinander zu verbinden und Impulse auszulösen, die unsere Person zu entsprechendem Handeln veranlassen: Nahrung oder Flüssigkeit aufzunehmen, uns wärmer oder leichter zu kleiden, zu ruhen oder uns zu bewegen; auch reflexartige Reaktionsweisen auf unmittelbare Gefahren gehören mit dazu. Werden diese Bedürfnisse aus irgendwelchen Gründen nicht unmittelbar erfüllt, wandeln sie sich in Gefühlszustände oder Wünsche: Wir empfinden Hunger oder Durst, fühlen uns nicht behaglich, sind unzufrieden oder es befällt uns die Sehnsucht nach erfreulicheren Umständen. Schließlich bemächtigen sich die unerfüllten Wünsche und Sehnsüchte der Denkstrategien unseres Bewusstseins: Wir überlegen, planen und handeln in ihrem Auftrag. Nur zu oft, wenn wir uns einbilden, bewusst und überlegt zu handeln, sind wir in Wirklichkeit durch unsere Emotionen bestimmt.

Diese entspringen nicht allein den spontanen Lebensbedürfnissen unseres Körpers. Im Gedächtnis der Zellen, wie auch in den Genen und in weiteren, noch nicht genügend ergründeten Informationsfeldern tragen wir unendlich viele Konditionierungen und Verletzungen in uns. Sie haben sich im Verlauf unserer individuellen und kollektiven Geschichte als Erinnerungen eingeprägt. Diese Erinnerungsmuster werden entsprechend dem Resonanzprinzip durch äußere Geschehnisse angeregt. Sie lösen emotionale Zustände aus, welche die Wahrnehmung der aktuellen Situation mit einem mehr oder weniger subtilen Schleier überziehen. Der so Verblendete bildet sich nur mehr ein, Herr seiner selbst zu sein. Wenn neuere Forschungsergebnisse der Neurophysiologie[24] aufzeigen, wie Handlungsimpulse im Gehirn um Sekundenbruchteile früher nachweisbar sind, als wir glauben, uns bewusst zu entscheiden, haben wir es nach meinem Verständnis genau mit diesem Phänomen zu tun.

Die Steuerung unseres Fühlens, Denkens und Handelns durch unbewusste Komplexe bietet eine plausible Erklärung für

---

24 Libet, Benjamin: *Mind Time*. Cambridge/Mass. & London 2004, S. 123 ff.

das unsere Gegenwart prägende, irrationale Verhalten, wenn einflussreiche Entscheidungsträger und ihre Gefolgschaften – als Einzelne wie als Gruppierungen, in der Politik wie in der Wirtschaft – dem unmittelbaren Eigennutz und Machterhalt den Vorrang vor den Bedürfnissen der umfassenden Gemeinschaft geben; ohne dabei wahrzunehmen, wie sie dabei die eigene Existenzgrundlage zerstören.

Dass in unserem Gehirn Entscheidungen fallen, bevor wir selbst darum wissen, hat Naturwissenschaftler und Philosophen bis hin zu den Strafrechtlern irritiert[25]: Ist die Willensfreiheit des Menschen und gar die Fähigkeit, sein Handeln zu verantworten, noch viel grundsätzlicher in Frage zu stellen, als dies bisher schon durch Philosophie und Psychologie geschehen ist? Die gesellschaftlichen Folgen einer derartigen Bewusstseinswende wären in der Tat nicht abzusehen.

Das schlummernde Potenzial: Eine neue Willensfreiheit

Tatsächlich sind die neurophysiologischen Forschungsergebnisse auch in unserem Zusammenhang bedenkenswert, sofern wir sie nicht, im Sinne philosophischer Kurzschlüsse, voreilig in ein begrenztes Menschenbild umsetzen. Viel eher scheinen sie mir auf das zur Bewältigung der Gegenwart noch zu erschließende Potenzial des Menschen hinzuweisen: Ob und wie es denn möglich sei, in eine Freiheit von den Bedingtheiten durch die eigene und kollektive Geschichte zu gelangen und von dort her sinnvoll zu entscheiden.

Stehen wir nicht an einem für die Menschheit existenziellen Wendepunkt, der uns geradezu zwingt, die ständige Beeinflussung unseres Empfindens und Verhaltens durch die Manifestationen des Unbewussten zu durchschauen und uns davon zu

---

[25] Roth, Gerhard: *Fühlen, Denken, Handeln*, Frankfurt 2003, S.494 ff.

befreien? Indem wir uns einen Raum der reinen Reflexion erschließen, um den Herausforderungen der Gegenwart überhaupt in sinnvoller Weise begegnen zu können?

Nicht umsonst plädiert der Philosoph John Rawls in seiner Gerechtigkeitstheorie[26] für einen Schleier des Nichtwissens. Ihn sollten alle in die Gestaltung einer zukünftigen Gesellschaftsordnung involvierten Menschen über ihre persönlichen Zukunftsinteressen breiten, um die Prinzipien der Gerechtigkeit nicht zu verfälschen. Das klingt gut; nur lässt sich der hilfreiche Schleier des Nichtwissens nicht einfach durch einen schlichten Willensakt installieren und noch weniger aufrechterhalten.

Sein Unbewusstes kurzerhand unter der Decke zu halten, entspräche dem Rat eines Gurus an seinen lernbegierigen Meditationsschüler. *„Denke an alles, nur an keinen weißen Affen!"* befahl er ihm und führte ihm damit erbarmungslos die Aussichtslosigkeit vor Augen, die Gedanken durch mentale Willensanstrengungen zu beherrschen. Wenn wir unsere ungeliebten Aspekte in den Schatten verbannen, legen wir uns hartnäckige und fintenreichen Störenfriede zu; statt Orte gemeinschaftsdienlicher Reflexion schaffen wir gespenstische Brutstätten, aus denen unheimliche Dämonen aufsteigen. Sie warten nur darauf, Aufregung in die äußeren Verhältnisse zu bringen und uns mit ihrem Maskenspiel ins Bockshorn zu jagen.

Die achtsame Gegenwärtigkeit führt uns auf einen ganz anderen Weg: Achtsamkeit, vor allem nach innen, in jedem Augenblick, die Regungen der unbewussten Vital- und Gefühlsimpulse wahrnehmend, bevor sie zu unfreiwilligen Worten und Handlungen geworden sind. Die Weisen aller Kulturen und Religionen beschwören sie seit Jahrtausenden. Wir wissen auch, wie schwer diese innere Achtsamkeit über längere Zeit hinweg aufrecht zu erhalten ist. Haben Sie schon versucht, ihre Atemzüge zu zählen? Rückwärts von einundzwanzig bis eins, entspannt und

---

[26] Rawls, John: *Eine Theorie der Gerechtigkeit*, Frankfurt 1998

mit geschlossenen Augen, ohne sich dabei von den aufsteigenden Gefühlen und Gedanken entführen zu lassen?

Um wie viel schwieriger ist es, herausfordernden Situationen gerecht zu werden. Vor allem, wenn sie unsere unbewussten Ängste und Bedürftigkeiten mobilisieren. Allein eine stabile Unterscheidungskraft vermag die aufsteigenden Emotionen ständig wahrzunehmen und uns zugleich vor der Identifikation mit ihnen zu bewahren. Die Emotionen sind zwar in uns, aber wir sind nicht unsere Emotionen, und was für die Emotionen gilt, ist auch für die anderen Ebenen unserer Person gültig: Die physische und die rationale. Wenn es uns in der Alltagspraxis gelingt, die vitalen, emotionalen und mentalen Regungen so von der faktischen Realität zu unterscheiden, dass sie wohl Gehör finden, aber unsere Wahrnehmung nicht in unbewusster Weise verfärben, gelangen wir zu klaren Entscheidungen.

Wir tragen diese unterscheidende Instanz seit jeher in uns, als inneren Beobachter oder Zeugen. Sein Ort liegt jenseits von Körper, Gefühlen und Denken; anders könnte er diese nicht beobachten. Sind wir mit ihm verbunden, nehmen wir das innere Geschehen aus einer umfassenderen Sichtweise wahr. Wir sehen über unser verkapseltes Ich hinaus in die uns umgebenden Zusammenhänge. Im Modus des Beobachters vermögen wir, aufkeimende Gefühls-, Denk- und Handlungsketten wahrzunehmen und sie im Sinne einer Notbremse zu unterbrechen, bevor sie zu Worten oder Taten werden.

Wenn wir achtsam den gegenwärtigen, laufend sich erneuernden Augenblick wahrnehmen – ohne jegliches Festhalten der in die Vergangenheit entschwindenden „eben-noch-Gegenwart" und ohne Vorgriffe in die Zukunft – öffnet sich fast unbemerkt eine bisher unbeachtete Tür zu einer neuen Dimension des Bewusstseins: Hier stehen der gegenwärtige Augenblick – das Resultat aller individuellen und kollektiven Vergangenheiten – und die ewige Weisheit des Seins einander gegenüber.

Hier kann Versöhnung und Heilung geschehen: Durch Annahme und Wahrnehmung der Konditionierungen, die wir als Spuren unserer kollektiven und individuellen Vergangenheit in uns tragen. Hier ist Raum für den Dialog mit unseren vitalen, auch animalischen Lebensimpulsen, die unserem konditionierten Geist unvertraut und unerwünscht erscheinen.

In dem Maß, wie wir unsere Verletzungen und Blockierungen – samt den Irritationen und Störungen, durch die sie sich manifestieren – in diesen Herzensraum einlassen, kann sich Transformation ereignen. Transformation als Befreiung der Lebens- und Bewusstseinskräfte im Licht der uns seit jeher innewohnenden Liebe und Weisheit des einen Seinsgrundes.

Indem diese Erfahrung zunehmend zu einer durchgängigen Lebenshaltung heranwächst – als ständige Offenheit des Herzens für sämtliche Irritationen des Unbewussten – stellt sich eine höhere Art der Willensfreiheit ein; eine Willensfreiheit, die nach meinem Verständnis erst einen ganzen Menschen ausmacht: Die Fähigkeit zu klarem, auf die Herausforderung der gegebenen Situation bezogenen Fühlen, Denken und Handeln; frei von individueller Ängstlichkeit und Bedürftigkeit, vorab auf das Wohlergehen der umfassenderen Gemeinschaft bezogen – als existenzielle Vorbedingung für das eigene Wohlergehen.

Willensfreiheit zur Wende: Freiheit zur Gemeinschaft

Die Freiheit von den Bedingtheiten durch die Vergangenheit führt letztlich zu einem höheren Grad von Willensfreiheit in der Gegenwart. Zu einer Freiheit, die sich nun in eine umfassende Ordnung der Schöpfung eingebunden sieht, bedingt auf allen Ebenen – von der materiellen bis zur geistigen – durch die Gesetzmäßigkeiten von Gemeinschaft und Kooperation.

Es ist die Wirkkraft der unbedingten, nichts ausschließenden Liebe, welche die Regungen des Unbewussten aufzunehmen und aus ihrem Schattendasein zu erlösen vermag. Erst dadurch entsteht der freie Raum, in dem wir die Stimme der ewigen Weisheit zu hören vermögen.

Durch die Entfaltung dieses Potenzials erhält die Gemeinschaft der Zellen und Organe ein bewusstes Gegenüber, das ihre Anforderungen hört, hinterfragt und zur äußeren Situation in Beziehung stellt. Dank ihrer relativen Ungebundenheit vermag die neue Leitinstanz die Interessen der eigenen Person mit denen ihres Umfelds in Einklang zu bringen: Ganz natürlich und für die einzelnen Teile verständlich, rückt das Gesamtwohl der Person, jetzt unter Einbezug ihres Bezugsnetzes, ins Zentrum der Reflexion; ungeachtet der Lautstärke, mit der sich die einzelnen emotionalen Bedürfnisse und Befürchtungen vernehmen lassen.

Übertragen wir nun die Sicht der Zellen und Organe auf den ganzen Menschen in die globale Dimension, steht der einzelne Mensch als Zelle, wie auch die Gruppierungen von Menschen als Organe – Weltregionen, Nationen, Ethnien, Wirtschaft, Konsumenten – der globalen Gemeinschaft als umfassenderem Ganzen gegenüber. Die Kooperation aller Beteiligten mit dem Ziel eines würdigen Lebens für alle, läge angesichts des in Ausdehnung und Ressourcen begrenzten Lebensraums geradezu als Selbstverständlichkeit auf der Hand.

Doch wie der einzelne Mensch erst zum bewusst und verantwortlich Handelnden wird, wenn sich das Potenzial zu Reflexion und freier Entscheidung in seinem Innersten entfaltet, braucht die Menschheit – für ein friedvolles Zusammenleben auf und mit diesem Planeten – ein entsprechendes, mit Handlungs- und Durchsetzungskraft ausgestattetes Reflexions- und Entscheidungsorgan. An keinerlei Eigeninteressen darf es gebunden sein, um die widersprüchlichsten Anliegen frei und aus der Weisheit des Seins zu betrachten, damit Konflikte zu Entscheidungen reifen, die immer auch dem Gesamtwohl dienen.

Dass nur schon die Idee einer globalen Leitungsinstanz zurzeit noch Misstrauen und Ängste auslöst, ist verständlich. Wir können uns eine politische Instanz, die ihre Macht aus umfassender Liebe und tiefer Weisheit ausübt, noch gar nicht vorstellen. Alle historischen Erfahrungen scheinen dagegen zu sprechen. Kaum ein Bürger, keine Nation, auch kein multinationales Großunternehmen wird einverstanden sein, Teile der politischen Souveränität oder der unternehmerischen Handlungs- und Entscheidungsfreiheit an eine globale Instanz abzutreten. Ganz im Gegenteil werden die mächtigen Nationen und Wirtschaftsunternehmen danach trachten, was immer in ihren Augen ein Zuviel des Guten werden könnte, an ihr Veto zu binden; wohl wissend, dass die weniger Mächtigen, durch das Gewicht ihrer Zahl ihnen die alten Privilegien streitig machen würden, wenn sie nicht gar den Ausgleich für vergangene Ungerechtigkeit forderten.

Schließlich bleibt noch die Frage, wie denn diese weisen Frauen und Männer ausgewählt oder bestimmt würden, von denen nicht weniger erwartet wird, als dass sie über ihre eigenen Herkunftsinteressen – vielleicht für den Rest ihres Lebens – den Schleier des Vergessens ausbreiten.

Kollaps und Wende: Von der Angst zur Liebe?

Die Idee scheint zum Scheitern verurteilt, und doch: Wie im einzelnen Menschen das Potenzial zu einer echteren Willensfreiheit und reiferen Autonomie bereits angelegt ist, so muss auch die Entsprechung im globalen Organismus schlummern und auf die Erweckung warten.

Bevor allerdings eine genügend große Anzahl von Menschen diesen Reifungsweg als Teil ihrer eigenen Entfaltung gegangen ist – und die Mehrheit durch ihr Verhalten zu überzeugen vermag – kann die Bereitschaft für so etwas wie eine „Weltregierung" nicht auf ausreichend breiter Basis heranwachsen. Wenn wir uns dies in linearen Zeitbegriffen ausmalen, werden wir wohl verzweifeln?

Doch dürfen wir auch mit der Möglichkeit eines wesentliche Teile der Menschheit umfassenden Bewusstseinssprungs rechnen. Und vielleicht benötigt dieser auch nicht unbedingt eine Katastrophe als Auslöser? Die Geschehnisse in Leipzig, unmittelbar vor dem Mauerfall, wo kollektive Einsicht, ausgelöst durch einige Wenige, ein Blutbad im letzten Augenblick verhinderte, zeigen, dass die Dinge auch anders verlaufen können. Ob im Fall von Leipzig die Liebe zu Werten der Menschlichkeit, die Liebe zu einer Stadt – einer Gemeinschaft mit ihrer Geschichte – den Ausschlag gegeben hat? Oder war es ein „Nicht wieder" aus der Erinnerung an die Geschehnisse vor rund fünfzig Jahren? Wir wissen es nicht genau. Wir können nur hoffen, dass Angesichts des sich immer deutlicher abzeichnenden Engpasses die Liebe zu dieser Welt und zur Kostbarkeit des menschlichen Seins genügend kraftvoll sein möge, um die Wende auszulösen. Was können wir, die unter Freiheit eine Ungebundenheit gegenüber den Dingen und Zuständen verstehen, die ihrer Natur nach dem Wandel unterworfen sind, besseres tun als mit allen unseren Kräften auf die individuelle und kollektive Wende hin zu wirken? Nicht aus Angst vor Untergang und Tod – auch sie wäre Zeichen der Unfreiheit, die ich meine – sondern aus Liebe zum Leben, zur Schöpfung und – ja – zum Menschen!

III Aufbruch ins Neuland

1 Stirb und werde!

Aus der Weite des Raums haben wir uns im ersten Teil dem blauen Planeten angenähert und, geführt vom lebendigen Herzen Schicht um Schicht einer imaginären Zwiebel entblättert; bis auf ihren Keimling und weiter in den Urgrund. Jenseits der materiellen Formen sind wir zu den sie konstellierenden Kräften und Mustern gelangt; vom Äußeren zum Inneren, vom Wir zum Ich, bis hin zur Resonanz des Kollektiven in unserer Tiefe, zur existenziellen Angst, der Angst vor dem Tod, und zum Sterben.

Wir ahnen, dass es jenseits des Sterbens Auferstehung gibt. Im Licht des Herzens verliert der bluttriefende, mit reißenden Eckzähnen bewehrte Schlund der Kali seinen Schrecken. Im Hineintauchen wird das bedrohliche Dunkel zur samtig uns umschließenden, unendlich tiefen und warmen Mutterhöhle. Ich sehe das Höhlenbild, das unsere Enkelin Seraina im Alter von fünf Jahren malte: Auf tiefschwarzem Grund bricht sich ein hell strahlendes Licht in einem zarten Farbspektrum: *„Zuhinterst in der Höhle"*, erklärte sie in trockener Sachlichkeit, *„liegt ein leuchtender Edelstein."* Auch in Kalis Höhle leuchtet ein Licht. Es bedeutet neues Leben, dem ich mich uneingeschränkt anvertrauen kann.

Die Natur mit ihren Kreisläufen steten Sterbens und Werdens legt nahe, dass es auch mit dem Leben des Menschen kein Ende haben kann. Doch werden wir in diesem Leben nie Gewissheit erhalten, wie es danach sein wird. Von Übergang – nicht von Ende – sprechen manche, die Sterbende auf ihrem Weg aus dem physischen Leben begleitet haben. Geradezu als befreiten Tanz in eine Neugeburt hinein haben wir Anwesenden das Ausströmen des Lebens erlebt, als meine Mutter die Schwelle des Todes überschritt. Das vermag uns zu erleichtern, ebenso wie die

Berichte derjenigen, die von der Nähe des Todes zurückgekehrt sind.

Die meisten Menschen kennen Erfahrungen des Sterbens und Auferstehens in diesem Leben von Übergängen in neue Lebensabschnitte. Angst taucht immer dann auf, wenn die Umstände ein Loslassen verlangen, bevor das Neue erkennbar ist; obwohl wir wissen, dass der Blick für das Neue sich erst ganz öffnet, wenn wir mit dem Bisherigen abgeschlossen haben.

Halten wir an überfälligen Konzepten und Meinungen fest, wird sich die Kraft des Wandels gegen uns richten; als Widerstand aus dem Umfeld: Sei es von Mitmenschen, die mahnen, rebellieren, Gewalt anwenden oder durch die Macht der Naturkräfte, die aufbegehren oder sich zurückziehen.

Die Bereitschaft, überholte Konzepte im richtigen Augenblick sterben zu lassen, die Herausforderungen der Gegenwart zu erkennen, um dann mit ihnen zu gehen, ist Lebenskunst und -Weisheit zugleich. Ich kenne das Dilemma gut: Wie oft habe ich mich im Angesicht sich ankündigenden Wandels gefragt, ob ich von den Vorteilen einer liebgewordenen Situation nicht noch ein wenig länger profitieren könnte. Im Rückblick weiß ich, dass dieses Auskosten des Alten bis zur Neige nie möglich sein wird. Es kann sich auf die zukünftige Entwicklung fatal auswirken, wenn uns eine vergangenheitsorientierte Haltung davon abhält, den inneren Radar frühzeitig auf das Neue hin auszurichten. Doch auch die kleinen Tode stellen jedes Mal unsere Beherztheit auf die Probe.

Um wie viel mehr sind die größeren Vorgänge des Wandels, die einschneidenden Lebenskrisen, von Angst umgeben. Nicht umsonst hat C.G. Jung den Gang durch die Krise auch „Nachtmeerfahrt" genannt; denn jedes Chaos hat mehrere mögliche Ausgänge, und die damit verbundene Ungewissheit löst Angst aus. So bedrohlich vermag die Angst sich mitunter zu gebärden, dass sie dem krisengeschüttelten Menschen jede Aussicht auf ein neues Werden raubt. Das wäre der Weg in Verzweiflung,

Burnout, Depression und blinde Gewalt – gegen andere oder sich selbst.

Den Dialog mit dieser allgegenwärtigen Urangst aufzunehmen, die auch den Gang der großen Welt zu bestimmen scheint – sie zu verstehen, um sie schließlich mit der Kraft des Herzens zu durchdringen – ist nach meinem heutigen Verständnis unabdingbar für die Entfaltung des globalen Bewusstseins. Dem Beispiel vieler Einzelner wird schließlich, nach dem Prinzip der Resonanz, die große Zahl folgen. Es kann weder Frieden geben noch Kooperation, solange die Angst aus dem dunklen Versteck des Unbewussten heraus die menschliche Gemeinschaft durch Misstrauen und Missgunst zu spalten vermag.

Natürlich kann man die Fähigkeit der Menschheit, im Frieden in sich und mit dem Planeten zu leben, als Utopie bezeichnen. Es ist einfach, die negativen Phänomene, die auch wir auf unserer Reise in die Tiefe angetroffen haben, als Vorzeichen des Zusammenbruchs zu sehen – und noch um ein Vieles einfacher ist es, sie zu ignorieren. Da jedoch weder Alarmismus noch Wegschauen Positives zur Zukunft der Menschheit beitragen, kann ich nicht anders, als – Schritt für Schritt – den Weg des Herzens zu gehen, ganz seiner weisen Führung vertrauend. Den Puls lebendiger Freude, den ich jetzt, beim Schreiben dieser Sätze verspüre, kenne ich gut; er ist mir ein zuverlässiger Weggefährte.

Jenseits der Mauer: Ein Geschmack von Ewigkeit

Noch immer klingen die Worte in meinen Ohren nach: *„Angst ist die Mauer, die Dich vom Einen trennt!"* Sie trafen damals auf meine brennende Sehnsucht, endlich in einen Bewusstseinszustand aufgenommen zu werden, wo ich für die lästigen Ängste endgültig unerreichbar sein würde. Sogar – oder besser: erst recht – unter den blühendsten äußeren Umständen vermochten mich diese elenden Weggenossen zu befallen, wann immer ich zu einem Schritt in ungesichertes Neuland ansetzte.

Offensichtlich war ich diesmal reif für eine Wende. *„Das ist wie sterben"*, erhob sich eine innere Stimme auf meine Bitte um Befreiung. Ehe ich nachdenken konnte, fiel gleich ein ganzer Chor mit der Antwort ein: *„Darauf warten wir schon lange."* Unversehens befand ich mich im freien Fall ins Ungewisse. Reflexartig zog sich mein Körper – zumindest in der Vorstellung – in die Haltung eines Embryos zusammen. Während des endlosen Falls in die Leere breitete sich eine Gewissheit in mir aus, dass alles gut war. Sanft landete ich in einem tiefen Glücksgefühl; in einem Meer von Liebe, die ganz und gar mich meinte: So wie ich bin, vorbehalt- und bedingungslos, unverlierbar, jenseits jeder Angst.

Zu erfahren, dass jenseits des Sterbens in diesem Leben – als uneingeschränkte Hingabe an das Sein – ein Glück unbedingter Aufgehobenheit liegt, war für mich ein großes Geschenk; so etwas wie die konkrete Erfahrung dessen, was mich am kurzen Gebet des Nikolaus von der Flüe seit jeher magisch angezogen hatte[27].

Natürlich zeigte sich im Alltag sehr rasch, dass sich dieser Zustand der reinen Glückseligkeit auf die Dauer nicht aufrechterhalten ließ. Erst recht erwies sich mein Wunsch, der Angst für immer entrückt zu bleiben, als blauäugig. Nicht allein, weil Angst auch ein guter Begleiter ist, der uns – umso subtiler, je vertrauter wir mit ihr sind – früh vor Ungemach jeder Art warnt. Aber auch, weil die Flucht vor den Gewalten des Unbewussten in eine Weltentrücktheit sich nicht mit einem tätigen Leben vereinbaren lässt. Im Alltag geht es vielmehr darum, die Regungen der Angst anzunehmen: Sind wir mit ihr im Dialog, vermag sie weder unsere Urteils- und Entscheidungskraft zu überschwemmen noch die Erinnerung an die unbedingte Aufgehobenheit im einen Sein auszulöschen, die immer schon war, auch wenn wir uns als ausgesetzt und verlassen empfanden.

---

[27] Mein Herr und mein Gott, nimm' alles von mir, was mich hindert zu Dir.
Mein Herr und mein Gott, gib' alles mir, was mich führet zu Dir.
Mein Herr und mein Gott, nimm' mich mir und mach' mich ganz zu eigen Dir.

Die Frage, wie wir eine tiefe mystische Erfahrung, samt ihrem möglicherweise lebenswendenden Potenzial, auf fruchtbare Weise in unser Leben einbeziehen können, wird uns noch weiterhin beschäftigen.

Die Gewalt des kollektiven Schattens

Der Mensch ist zur größten Bedrohung für den Menschen geworden, weil wir noch nicht fähig sind, mit den Gewalten des kollektiven Unbewussten umzugehen. Sie sind um Vieles bedrohlicher als die schlimmsten Naturkatastrophen. Allein indem wir die Schattenkräfte als Teil unserer menschlichen Natur anerkennen und mit ihrem Wirken vertraut werden, können wir nach und nach gegenüber den mentalen und emotionalen Infektionen immun werden, die von allen Seiten auf uns einstürmen:

Wir tragen die ganze Geschichte der Evolution in uns: Bis zum gegenwärtigen Augenblick. Nicht nur materiell, sondern auch in Form vitaler, emotionaler und mentaler Prägungen. Ur-Instinkte, Konditionierungen, Verhaltensmuster, Glaubenssätze und Traumatisierungen, aber auch einfache Gewohnheiten verbinden uns mit dem frühen Homo Sapiens und der ihm vorangegangenen Tierwelt wie mit der Reihe unserer Ahnen bis zum heutigen Tag. So überlagern und verbinden sich unzählige Ebenen kollektiver und individueller Erfahrungen zu einem hochkomplexen, in feinster Weise auf äußere Impulse reagierenden inneren Gewebe.

Indem wir dessen Reaktionen einfach dem äußeren Geschehen zuschreiben und dabei den Anteil des Schattengewebes an unserem Bild der Gegenwart ignorieren, können primitivste Überlebensimpulse unser Verhalten bestimmen. Archaische, in den ältesten Teilen des Gehirns gespeicherte Muster von Täter- und Opferverhalten werden aktiviert, wenn eine bestimmte Situation das Überleben des Einzelnen oder einer Gruppe zu bedrohen scheint. Dann geraten auch die historisch nachgelagerten Prägungen bis hin zu unseren heutigen Charakterzügen in Schwingung und sorgen für eine makabre Vielfalt irrationaler Verhaltensweisen. Kriege, Terrorismus, Verbrechen, aber auch Spiele um Macht und Eigennutz können wir als Folgen der Verblendung durch den Schatten verstehen: Manifestationen menschlicher Destruktivität, die man im Nachhinein als unerklärlich bezeichnet. Aktuelle Beispiele führen uns die Medien täglich vor.

Da sich für fast alle Formen verblendeten Handelns rationale Herleitungen finden lassen, können wir vor deren tieferen Ursache weiterhin die Augen verschließen. So sehr fürchtet die Gesellschaft das Irrationale, dass es in den inneren Bildern die Gestalt eines Ungeheuers angenommen hat. Es ist zu verbannen oder – besser – auszulöschen; wenn möglich auf immer. Doch die Bestie zeigt sich mit neuen, schrecklicheren Fratzen: So feiert die tabuisierte Sexualität ihre Auferstehung in vielen, auch kriminellen Formen des Sexismus und bildet den frustrierten Bodensatz latenter Aggressionsbereitschaft. Derweil tritt uns die Urangst vor dem Unbekannten in den hässlichsten Gestalten des Konservatismus entgegen: Fremdenhass, Rassismus oder Sicherheitswahn.

Der Held und die Weise – Das Ungeheuer besiegen oder es zähmen?

Der Mythos der Tapferkeit im Überlebenskampf – gegen die Unerbittlichkeit der Natur und andere feindliche Mächte – hat früh in der Menschheitsgeschichte den Archetypen des Helden geschaffen. Er ist bestens gerüstet für diese Aufgabe. Wie der heilige Georg beispielsweise, der mit Schwert oder Lanze, meist – Nota bene – vom gezügelten Pferd herab, den Feuer speienden Drachen besiegt.

Das Bild, so sehr wir es in Form mittelalterlicher Fresken bewundern mögen, taugt – zumindest in einer direkten Deutung –

nicht für den Umgang des heutigen Menschen mit den Gewalten des Unbewussten. Es stammt aus einer Phase der europäischen Bewusstseinsgeschichte, da die Macht der Mythen dazu diente, die vehement ins Ichbewusstsein dringenden emotionalen Kräfte mitsamt ihrem Gewaltpotenzial im Zaum zu halten. Die Vernichtung des gemeingefährlichen Ungeheuers war die Aufgabe des Helden, dem als Lohn die Hand der durch ihn erlösten Prinzessin versprochen war. Im Minnedienst an der verehrten Frau fand die Sehnsucht des von seinen Kriegszügen heimgekehrten Ritters nach Vereinigung mit dem (abgespaltenen) Weiblichen ihren äußeren Ausdruck, in der Kultur des Minnesangs gewann diese Suche nach Ganzheit ihre künstlerische Gestalt.

Nähmen wir im Umgang mit den unbewussten Prägungen hingegen den Mythos des heiligen Georg zum Vorbild, würden wir dem Drachen noch mehr Macht verleihen; für jeden abgeschlagenen Kopf würden ihm neue nachwachsen. Der sich jeglicher Kontrolle entziehende Verlauf des Krieges im Irak und die dadurch entfesselten Grausamkeiten zeigen, was geschieht, wenn das innere Gemetzel auf die äußere Welt projiziert und in ihr umgesetzt wird.

Durch Zufall entdeckte ich in der Basilika von Saint-Maximin-la-Sainte-Baume[28], nahe der Gruft, wo der Legende nach die Gebeine der heiligen Magdalena ruhen – jener Frau, der eine unkonventionelle Verbindung mit Jesus zugeschrieben wird – ein kleines Bild, das mir wie ein Schlüssel für den aktuellen Umgang mit unseren tiefsten Ängsten vorkommt: Es zeigt die heilige Magdalena, wie sie sich dem Drachen zuwendet. Nicht vom gezügelten Pferde herab, sondern auf gleicher Ebene mit ihm kommunizierend. Geschützt allein durch das geweihte Wasser, ihre Verbindung zum Einen. Das Feuer speiende Untier hat seine Macht verloren; es ist durch Magdalenas Zuwendung gezähmt und hört ihr zu.

---

[28] Südfrankreich, Dpt. Var

Wenn wir uns in entsprechender Weise den Furcht erregenden Fratzen in uns zuwenden – mit offenem Herzen und im Wissen um unsere Seinsverbindung[29] – legen sich auch die Energien, die sich erst noch aufgebäumt hatten, die die Furchtsamen in Panik oder Lähmung zu versetzen drohten oder in den Selbstgerechten das Untier zu wecken vermochten. Sie öffnen sich dem Dialog. Indem wir sie nach ihrer Herkunft und der Natur ihres Wirkens befragen, gelangen wir zu einem tieferen Verständnis der Zusammenhänge, insbesondere mit unserer persönlichen Geschichte. Dann ist meist der Weg für eine heilende Versöhnung offen. Wenn wir Frieden schließen mit den dunkelsten Seiten unserer Natur, lassen sich die ehemals bedrohlichen Dämonen als kraftvolle Verbündete in unsere Persönlichkeit integrieren.

Das kollektive Unbewusste hingegen lässt sich nicht auf diese Weise transformieren; es ist so tief und so reich an Facetten wie die Geschichte der Evolution und wir teilen es mit unendlich vielen anderen. Die Heilung des persönlichen Unbewussten entzieht den Emanationen des kollektiven Schattens hingegen jene Ansatzpunkte, über die bisher die Überflutung der Persönlichkeit durch die Massenphänomene geschehen konnte. Das Ansteckungsvermögen von Markentrends, dem jene zum Opfer fallen, die ihre Bedürftigkeit nach Aufgehobenheit in der Masse nicht durchschaut haben, ist harmlos im Vergleich zur Angstwelle, die im Gefolge der Geschehnisse des 11. September 2001 so vehement ins Unbewusste einer Mehrheit der amerikanischen Bevölkerung einbrach: Sie vermochte deren Urteilsvermögen derart zu trüben, dass sie sich für die Unterstützung eines Krieges gewinnen ließ, dessen Ziele mit den Geschehnissen des 11. September in keinem Zusammenhang standen. Heute, nach Eintreten der Ernüchterung, sieht alles anders aus. Nur die verblendetsten Protagonisten halten noch an ihren Phantasmen fest; wohl, weil sie das Erwachen fürchten.

---

29 Mehr zur Wandlung der Emotionen im Anhang: „Anregungen zur spirituellen Praxis", S. 145

Erst durch die Bewusstwerdung dieses heiklen Übergangs vom kollektiven zum individuellen Unbewussten wächst die Freiheit des Einzelnen, sich von der Magie der Masse abzugrenzen.

Das Unendliche im Endlichen umarmen

Das Bild der heiligen Magdalena mit dem Drachen beantwortet einen weiteren Aspekt der noch offenen Frage um die Integration der mystischen Erfahrung ins tägliche Leben: Es geht nicht darum, die Angst los zu werden, sondern frei von ihr zu sein. Indem wir sie immer wieder von neuem annehmen, wahrnehmen und zu verstehen suchen. Die Mauer der Angst, die uns erst noch vom Zustand unbedingter Aufgehobenheit zu trennen schien, wird wie ein Phantom dahinschmelzen, wenn wir uns ihr aus dem Herzen zuwenden; aus einem Herzen, dessen Wirkkraft auf dem Vertrauen in die Aufgehobenheit im Sein beruht.

War es in der damaligen Erfahrung die Bereitschaft zur vorbehaltlosen Hingabe an die Weisheit des Seins, die mir den Zugang zur mystischen Erfahrung öffnete, so stammte der Mut zum Sprung in die Leere aus der Sehnsucht nach grenzenloser, an keine Bedingung gebundene Liebe. Es war diese Sehnsucht, die mich auf die mahnenden Worte *„das ist wie sterben"* mit dem entscheidenden *„darauf warten wir schon lange"* antworten ließ; schneller als ich denken konnte.

Wenige Jahre später ist mir die Frage nach dem Sterben erneut begegnet. Während des anfänglich bangen Wartens auf die Diagnose einer möglicherweise lebensbedrohenden Krankheit meldete sich unversehens der Gedanke, dass ich in der Frage, ob ich in diesem Leben weiterleben oder in eine andere Existenzform übergehen würde, getrost auf die Intelligenz meines Wesens vertrauen könne; hätte ich denn nicht genügend Zeugnisse dafür, dass die innere Weisheit mich immer zu meinem Besten führe? Diesem Gedankenblitz folgte augenblicklich jener Glückszustand, den ich schon kannte. Einmal mehr hatte eine innere Stimme – jede Möglichkeit des Zweifels ausschließend – die Führung übernommen. Ich befand mich wieder in absoluter Aufgehobenheit: glücklich, angstfrei, für alles offen, was „es" mit mir meinen sollte. Eine Ruhe, die tagelang nicht von mir wich. Sie wurde erst durch das Eintreffen einer Botschaft abgelöst, die für mich zugleich die Chance auf Heilung und das Geschenk eines neuen Lebens bedeutete.

Erfahrungen solcher Art stärken das Vertrauen in die innere Weisheit. Sie ermutigen dazu, die äußeren und inneren Ungeheuer immer wieder neu als Herausforderungen an die Kraft des Herzens anzunehmen. Es ist ein Wirkkreis, der sich durch jede neue Erfahrung festigt. Nach und nach kann sich so ein offenes und stabiles Vertrauen gegenüber allen Eventualitäten des Lebens bilden.

Wenn ich Erfahrungen dieser Art offen lege, geht es mir nicht um eine autobiographische Selbstdarstellung. Vielmehr denke ich, dass es sich um charakteristische Prozesse handelt; sie mögen zur Einordnung eigener Erfahrungen beitragen oder zu solchen anregen.

Mit Nicht-Tun zum Einen

Ich habe vor mehr als 30 Jahren die Kirche des Worts verlassen, weil ich nicht nur von Gott reden hören, sondern seine Gegenwart ganz direkt erfahren wollte. Auf der Suche habe ich manche inneren Wege kennen gelernt und bin ihnen teils während jahrelang gefolgt, bis mich eines Tages die Erfahrung der Einheit in sich hinein nahm.

Inzwischen teile ich die Überzeugung, dass die mystische Erfahrung heute nicht mehr an jahrelange Meditationspraktiken und rituelle Formen gebunden ist, mit immer mehr Menschen, die andere auf ihren Wegen begleiten. Sie alle sind durch den Sterbeprozess ihrer Identifikation mit den vergänglichen Dogmen und Meinungen ihrer spirituellen Traditionen gegangen und haben für sich die Essenz des Wandels bewahrt: Die subtilen inneren Einstellungen, welche die Erfahrung der Einheit einladen. Nicht nur gleichen sich diese Wandlungsmuster über die ganze Vielfalt der Religionen und Traditionen hinweg; auch die Erfahrungen der Einheit gleichen sich. Das ist insofern nicht überraschend, als schon die Begriffe der Einheit oder des Absoluten eine Mehrzahl von vorneherein ausschließen.

In Bezug auf die zunehmende Leichtigkeit des Zugangs zur mystischen Erfahrung wissen wir nicht genau, was sich verändert hat; vielleicht haben die Vielen, welche den traditionellen Wegen zur Seinserfahrung im Laufe der Jahrtausende gefolgt sind, ein offenes Bewusstseinsfeld bereitet, in das sich die jetzt Nachfolgenden hineingeben können. Dies entspräche der Vorstellung eines sich selbst entfaltenden Bewusstseins, in dem viele Einzelne, auf möglicherweise verschiedenen Wegen, gleichartige Wandlungsmuster entdecken, die sich irgendwann, in einer Art von Quantensprung, zu einer neuen Hauptstimme im Kanon des Bewusstseins vereinigen.

Mir persönlich reicht die Berührung aus dem liebevoll zugewandten Herzen mit der äußeren Welt – ihren schönen wie hässlichen Seiten – um mich der lebendigen Verbindung zum Wesenskern zu vergewissern. Diese einfache Praxis hat mich auch durch die Arbeit an diesem kleinen Buch geführt. Sie ist ein wunderbares Übungsfeld für die eigene Verankerung im Raum des Herzens. Dort verbinden sich schließlich die drei Gesichter des Absoluten zur Einheit: Das Absolute als das Eine in der Vielfalt der Schöpfung, als mein innerster Wesenskern und gleichzeitig als ein mich ganz umfassendes Du. Das anfänglich gelegentliche Aufleuchten dieser dreifältigen Gegenwart verdichtet sich im Laufe der Zeit zu einem Seinszustand. Einen Weg kann man dies nicht nennen; eher vielleicht ein präsentes Nicht-Tun.

Manchmal geschehen dann – wie von selbst – kleine Wunder. Wie gestern, auf dem Heimweg von meiner frühmorgendlichen Wanderung nach Cortona, wohin ich mich zum Schreiben an diesen Seiten zurückgezogen habe: Der weiten Aussicht halber habe ich den Umweg über die Kirche Santa Margherita genommen. Wie zufällig erblicke ich in einer Seitenkapelle die Statue eines Heiligen, ein kleines Kind auf dem Arm tragend. Intuitiv greife ich nach einer Kerze und zünde sie an; zuerst denke ich dabei an meine Enkel, dann an meine Kinder, an Elisabeth – meine Frau – und mich selbst, schließlich an die ganze Welt, wie sie dem einen Sein entspringt. Synchron weitet sich meine Wahrnehmung: Ein großes Herz, alles in sich ein- und nichts ausschließend. Ich bin zutiefst bewegt.

Heute ein zweiter Besuch: Ich möchte doch immerhin den Namen des Heiligen kennen: Antonius von Padua. Spontan wiederholt sich die Erfahrung, schneller als mein Denkvermögen, nur noch ganzheitlicher. Jede Zelle in meinem Körper scheint jetzt im Glück des Wiedererkennens zu vibrieren. Auf dem Rückweg dann purzeln die Gedanken nur so durch meinen Kopf: Erlebe ich jetzt die Intelligenz der Zellen, über deren Wirklichkeit und Konsequenzen für die menschliche Bewusstwerdung ich mich zurzeit mit einem lieben Freund auseinandersetze, der meine Assoziationen im vorangegangen Buchteil eben mit kritischen Bemerkungen versehen hat? War es der Name des heiligen Antonius, der die körperlichen Sensationen wieder wachrief, die ich beim Besuch seiner Kirche in Padua schon einmal erlebt hatte und sie auf die Resonanz mit der Liebe zurückführte, mit der Tag für Tag hunderte von Gläubigen sein Grabmal umgeben? Erfahre ich eben jetzt die Durchdringung der physischen Zellen mit dem Licht des Seins, von der Sri Aurobindo, der indische Weise, und seine Nachfolger sprechen? Und welche Bewandtnis hat es mit dem Potenzial der Stammzellen, erkrankte Organe zu heilen, indem sie ihnen die Informationen des gesunden Zustands übermitteln?

Augenblicklich spricht die Intensität der Erfahrung für sich. Alles wird sich weisen.

Später, beim Gang durch die blühenden Wiesen: Das Wiedererkennen der schöpferischen Energie in der Schönheit der Natur; Resonanz bis in die Zellen. Vor Jahren hatte ich „The Doctrine of Recognition“ (die Theorie des Wiedererkennens), eine alte Schrift des Kaschmirischen Shivaismus mit viel Fleiß studiert. Die Erfahrung kommt jetzt als Geschenk. – Sie kennen solche spontanen Erfahrungen des Einsseins auch? Nichts Besonderes? Eben.

Yoga Nidra – die Übung des wachen Geistes

Als Ergänzung zum Nicht-Tun pflege ich neuerdings täglich eine Übung, die ich aus Indien mitgebracht habe: Yoga Nidra[30] strebt eine permanente Gegenwärtigkeit des inneren Beobachters an, nicht nur im Wachzustand, sondern auch im Träumen und sogar im Tiefschlaf. Auch wenn ich mir dieses bewusste Schlafen noch nicht ganz vorstellen kann, ist die Übung ein exzellentes Training für eine differenzierte Wahrnehmung durch den inneren Zeugen. Dieser lernt dabei, sich vom autonomen Fluss der Gedanken und Gefühle frei zu halten sowie Bilder und Gedankeninhalte aus dem inneren Speicher abzurufen oder neue zu kreieren. Durch die schnell wechselnde Aufmerksamkeit auf kleinste Körperbereiche, von der großen Zehe bis zum Scheitel, werden die Verbindungen zu den entsprechenden Zonen im Gehirn aktiviert; durch das Erleben von inneren Bildern, bis in die subtile körperliche Erfahrung hinein, geschieht das Entsprechende in umgekehrter Richtung. Aus neurophysiologischer Sicht[31] scheint die Praxis des Yoga Nidra zu einem Zustand erhöhter Selbstwahrnehmung zu führen – nachweisbar durch aktivierte Hirnströme im Bereich des präfrontalen Kortex – verbunden mit verminderter Erregbarkeit

---

30 Mehr zu Yoga Nidra im Anhang: „Anregungen zur spirituellen Praxis“, S. 177
31 Saraswati, Swami Satyananda: *Yoga Nidra*, Munger, Bihar 1998, S. 169 ff.

der im limbischen System sich manifestierenden Emotionalität. Persönlich erlebe ich eine zunehmende Freiheit des Beobachters von den unwillkürlichen Oszillationen im Körper, in den Gefühlen und im Denken.

Big Mind oder Western Zen

Wer nach Führung auf einem direkten Weg aus dem dualen Bewusstsein in die Einheit sucht oder wer seine Erfahrungen in einer Übersichtskarte der inneren Welt einordnen will, findet im Big-Mind-Prozess[32] eine hervorragende Antwort. Der amerikanische Zenmeister Dennis Genpo Merzel entwickelte sein Western Zen als Antwort für die vielen westlichen Menschen, die – in einer ihrem Körper fremden Haltung auf ihren Kissen sitzend – auf die große Erfahrung warten. Nun führt er in seinen ein- und zweitägigen Workshops ganze Gruppen durch die Aspekte des dualen Bewusstseins in die Erfahrung der Einheit allen Seins und von da wieder zurück in eine sinnerfüllte Haltung zum tätigen Leben. Die regelmäßige Meditation erhält dann ihren Platz als immer neue Hingabe des Ich an das umfassende Eine, mit dem Wunsch, dessen Qualitäten im Alltag transparent zu leben.

Big Mind wird inzwischen auch wissenschaftlich begleitet: Messungen der Hirnströme nach einem Tag Big Mind haben bei der Mehrzahl der Teilnehmenden Resultate ergeben, die sich mit denjenigen buddhistischer Mönche mit über zwanzigjähriger Meditationspraxis vergleichen lassen. Dies nicht nur unmittelbar nach der Erfahrung, sondern – wie eine noch unveröffentlichte Studie zeigen soll – auch noch nach mehreren Monaten[33].

Im ersten Teil der Big-Mind-Workshops lädt Genpo Roshi die Teilnehmenden ein, sich nacheinander mit einer Folge von inneren Aspekten ihres dualen Bewusstseins zu identifizieren und auf

32 Mehr zu Big Mind im Anhang: „Anregungen zur spirituellen Praxis", S. 168
33 Verfasser der Studie: Michael Johnson, University of Utah, Salt Lake City

seine Fragen jeweils aus der Verkörperung des von ihm aufgerufenen Aspekts zu antworten: Beginnend mit der inneren Kontrollinstanz, führt er den Dialog mit den Stimmen des Skeptikers, des Beschützers, des verletzbaren Kindes, des verletzten Ich, des alles in Ordnung bringenden Tausendsassas – immer die positiven wie die destruktiven Seiten des jeweiligen Aspektes auslotend. Von der Begierde gelangt er dann zum Sucher, weiter zum Sucher des Wegs, zum Adepten des Wegs und – in kaum merklichem Übergang – zu dem, der nichts sucht. Still in der Identifikation mit dieser Stimme sitzend, öffnet sich in den Teilnehmern die Wahrnehmung des reinen Seins. Eine ganz andere Erfahrung: Offen. Ohne Anfang oder Ende; alles einschließend und nichts begehrend. Einfach Klarheit und Gegenwärtigkeit. Einheit. Big Mind.

Eine Erfahrung zärtlicher Liebe für die Weite des Universums mit all ihren Gestalten durchströmte mich, als Genpo sachte fragte, ob Big Mind auch Big Love – die eine Liebe – kenne. Ich spürte, wie sie dem Wirken in der Welt schon ein wenig näher ist, als das stille, unbewegte Sein; auch sie, nichts aus- und alles einschließend. Überraschend die Erfahrung ihrer weiblichen – nährenden – und, mehr noch, ihrer männlichen Qualität, die sich nicht scheut – Oberflächliches mit unerbittlicher Schärfe durchschneidend – Grenzen zu setzen.

Der Blick schließlich aus dem Big Mind und Big Love umfassenden Sein auf das persönliche Ich und seine inneren Aspekte lässt eine Hierarchie sichtbar werden. Das Ich versteht, dass es gegenüber den inneren Aspekten ganz die Verantwortung und die Führung zu übernehmen hat; im umfassenden Sein hingegen hat es sich einzuordnen.

Vom Ich, das sterben muss, zum Bodhisattva des 21. Jahrhunderts

Es wäre ein fatales Missverständnis – und hier schließt sich der Kreis mit meiner ersten Stirb-und-Werde-Erfahrung – in diesem großen Aufleuchten des einen Seins das Ende der Reise zu sehen. Jenes ist – wie die Schweizer Zen-Lehrerin Pia Gyger es ausdrückt – kaum mehr als ein Kratzer auf einem beschlagenen Fenster, der einen ersten Durchblick gestattet.

An diesem kritischen Punkt bedürfen die Meisten der Führung eines wegkundigen Begleiters. Das vergängliche Ich darf sich nicht mit dem unvergänglichen verwechseln. Die Verführung ist näher als wir glauben, denn wir sind unter dem Eindruck der großen Erfahrung kaum in der Lage, uns selbst objektiv wahrzunehmen. Aufgeblasenheit und Anmaßung sind die verräterischen Begleiter dieser Verwechslung. Wenn immer Machtmissbrauch und Ungerechtigkeit im Namen eines Höheren ausgeübt werden, haben diese beiden ihre Hand im Spiel.

Das uns Übersteigende können wir nicht beherrschen. Es lässt sich einem inflationären Ich nicht beliebig als Turbo zuschalten. Auch wenn es uns in einem ersten Rausch von Maßlosigkeit über eine gewisse Zeit hinweg sogar gelingen mag, andere durch unsere Pracht zu beeindrucken: Irgendwann wird uns die Kraft ausgehen. Je mehr wir uns mit dem machtvollen Zustand identifiziert haben, umso drastischer wird der Absturz sein.

Das Ich, das den Zustand des Einsseins mit dem Absoluten erfahren hat, muss sterben und auch seine golden leuchtende Erfahrung im Sinne eines persönlichen Besitzes hingeben: Als Illusion, die unfehlbar in Narzissmus und Selbstgerechtigkeit führte.

Auch dieses Sterben ist schmerzhaft: Jeder Anspruch des Ich auf Besonderheit fällt dahin; auch seine sämtlichen Vorstellungen und Erwartungen an ein bedeutungsvolles Leben. Nichts ist mehr wichtig – und doch ist alles wichtig.

Auf dem Boden eines normalen, mit den alltäglichen Freuden und Widerständen gesäumten Lebens findet sich das seinen Konzepten und Erwartungen entstorbene Ich wieder; in unerwarteter Weise beschenkt, mehrfach sogar. Unauslöschbar weiß es um seine Natur als Manifestation des einen Seins; unbedingte Liebe und unendliche Intelligenz sind sein wahres Wesen. Diesen Ursprung im Einen teilt es mit der ganzen Schöpfung; so umarmt es in all ihren sichtbaren wie unsichtbaren Phänomenen immer das Eine. Schließlich weiß es um die es umschließende Gegenwart als Du: Ein Gegenüber, dessen Liebe und Weisheit es sich anvertrauen kann.

Im Buddhismus wird als Bodhisattva ein Wesen verstanden, das, obzwar vom Kreislauf der Wiedergeburt befreit, freiwillig wieder ins physische Leben zurückkehrt, um andere mit seiner inneren Fülle zu berühren; immer neu und immer wieder, bis alle lebendigen Wesen ihre Freiheit gefunden haben.

Lösen wir die zeitlose Essenz aus ihrer mythischen Verkleidung heraus: Es bleibt das tätige Leben eines Menschen, der um die Natur seines wahren Wesens weiß und die ihm begegnenden Zeitgenossen im Herzen berührt. Stellen wir uns vor, wie das Bewusstsein und damit auch das Antlitz der Welt sich wandeln, wenn mehr und mehr Menschen auf diese Weise in ihr wirken. Da gibt es auch keinen Weg mehr, der zu suchen wäre. Als menschliches Wesen, gleichzeitig und immerzu, das Persönliche wie das Absolute zu umarmen, ist die unendliche Übung.

2 Verantwortliche Weltbürger: Bodhisattvas der Gegenwart

Wie gut, ja geradezu traumhaft klingt doch die Vorstellung, als moderner Bodhisattva durch die Welt zu gehen: In einem tätigen Leben die mich betreffenden Menschen und Situationen als Herausforderung anzunehmen und, ganz aus dem Herzen, wohltuend mit ihnen umzugehen? Aber ist sie nicht unwirklich, diese Vision eines ausgeglichenen Lebens, mitten in einer Welt, die gärt und brodelt? Wie einfach lassen sich von hier aus die zum Himmel stinkenden Missstände brandmarken und die Uneinsichtigkeit der Mächtigen beklagen, deren Opfer wir alle sind. Ein Rückzug ins Distanzierte, der irgendwann in der Unfruchtbarkeit enden wird? Reicht uns das für den Rest des Lebens?

Es tut mir gut, diese Lebensweise, die für mich auch immer ihre verführerischen Seiten hat, aus der Einsamkeit heraus zu betrachten, in die ich mich diesmal freiwillig begeben habe, um konzentrierter schreiben zu können. Was jetzt aus mir hinaus drängt, ist ein Aufruf an alle, die diese Zeilen einmal lesen werden: Verantwortliche Weltbürger zu werden.

Freiheit zu lernen, im Umgang mit unseren unbewussten Begleitern, die zeitlebens mit uns sein werden, indem wir ihre immer neuen Gesichter – ob wild oder verlockend – annehmen und durchschauen, um sie zu zähmen und als Verbündete zu integrieren: Dies ist ein erster, großer Schritt. Aus ganzem Herzen nicht nur diese inneren, sondern auch die äußeren, uns tagtäglich direkt ansprechenden Herausforderungen anzunehmen – als Tanz mit dem Leben – ist ein nicht minder wichtiger, zweiter.

So lassen wir nun den Blick weit werden: Die ganze weite Welt umfassend, so wie sie uns die Gegenwart präsentiert, nichts aus- und alles einschließend. Alles ist da, das Entsetzliche wie das Wunderbare: Gesichter des Einen. Im langen, tiefen Hinsehen aus dem unerschrockenen Herzen sehen wir ein ungestümes Aufkochen ungeformter, roher Brocken des Seins wie auch feinerer, fast transparenter Formen: Eine Weltsuppe, deren vielfältige Ingredienzien unter wachsendem Druck und in rasant zunehmender Geschwindigkeit aufeinander stoßen, untergehen, wieder aufsteigen, sich aneinander reiben. Was erst als undurchschaubares, regelloses Chaos wirkt, beginnt Regelmäßigkeiten zu zeigen: Formen und Muster, die immer einsichtiger und durchschaubarer werden. Ich erinnere mich der Worte einer spirituellen Lehrerin, die ihren Ashram als Ort der Begegnung unterschiedlichster Individualitäten beschrieb, wo sich auch die gröbsten Brocken, unter steter Reibung und Druck, gegenseitig zu leuchtenden Diamanten schleifen.

Indem ich mir vergegenwärtige, dass das Eine in mir aus dem gleichen Stoff besteht wie alle anderen Partikel der kochenden Weltsuppe, wird klar, dass ich mich dem Geschehen in dieser Welt nicht entziehen kann. Es geht lediglich darum zu verstehen, was jetzt an weltbezogenem Denken und Handeln von mir gefragt ist.

Aufforderung zum tätigen Leben

Ich kann mir keine Situation vorstellen, und befinde sie sich am äußersten Rand der für mich wahrnehmbaren Welt, die nicht eine Verbindung zu mir als verantwortlichem Weltbürger hat. Diese Verantwortung anzunehmen bedeutet nicht, sich in heillosem Aktivismus zu verlieren, möglicherweise gar unter dem Joch eines schlechten Gewissens. Es ist auch nicht unsere Aufgabe, die Welt im Alleingang zu verbessern oder sie gar vor dem Untergang zu retten. Es reicht zu erkennen, wie unser Denken und Handeln zur Veränderung der Welt beiträgt – je nachdem: Fördernd oder zerstörend – und der Erkenntnis auch die entsprechenden Taten folgen zu lassen. Nichts ist wichtig – und alles ist wichtig.

Die Verantwortung der neuen Weltbürger beginnt mit der Erkenntnis über die Zusammenhänge zwischen dem eigenen Denken und Handeln sowie dem Geschehen in der Welt. Was immer außen geschieht, hat seinen Ursprung im Denken – richtiger: In den Empfindungen und Gefühlen, die das Denken erst in Gang bringen. Daraus werden Handlungen, Gewohnheiten und schließlich eine Weltsicht, und – da höre ich das Lachen des Quantenphysikers – auf diese Weise gestalten wir laufend die Welt mit, wie wir sie eben jetzt erleben.

Das immer wieder neue Hinschauen auf die selbst verursachte Kette von Ursache und Wirkung ist beileibe nicht angenehm; und doch eröffnet es den Zugang zu einer unendlich reichen Fundgrube für viele große und kleine Dinge, die wir in unserem allernächsten Wirkungskreis zum Wohl der Welt verändern können. Ein Reichtum von Handlungsmöglichkeiten, die dem leidenden Wohlstandsbürger in seiner selbst gewählten Optik als Opfer der Mächtigen verborgen bleiben.

Haben wir eine Vorstellung – ein inneres Bild von der Welt, die wir erleben wollen – und vertrauen wir auf die Wirkung unserer Wahrnehmung und ihrer Konsequenzen: Was liegt dann näher, als die äußere Welt mit dem Radar des Herzens daraufhin abzusuchen, wo unser Beitrag – als Gedanke, Wort oder Tat – einen Unterschied macht. Dann sind wir bereits dabei, die Welt zu verändern: Nicht durch Kraftakte eines Herkules, sondern in unermüdlicher Kleinarbeit, auf die Kraft sanfter Wiederholung vertrauend.

Wir können die Früchte solch sanfter Beharrlichkeit in den verschiedensten Bereichen, so auch im Handwerk und der Kunst, beobachten. Ich denke mit immer wiederkehrender Bewunderung an jenes über zweitausendjährige Jadefläschchen in der ägyptischen Sammlung des Louvre: Hauchdünn ist seine Haut, eng der Hals und weit der Flaschenbauch. Da muss jemand mit unheimlicher Geduld und Feingefühl den Stein ausgehöhlt und geformt haben. Auch menschliche Beziehungen gedeihen niemals ohne dieses feine und doch unnachgiebige Ausloten von Grenzen und Potenzialen; und mit den Anliegen, welche die menschliche Gesellschaft betreffen, kann es sich nicht anders verhalten.

Freiheit – von den Früchten des Handelns

Es wäre reichlich naiv anzunehmen, dass die Wahrnehmung unserer Verantwortung als Weltbürger nicht auch Widerstand auslöst; kennen wir doch selbst die Erregbarkeit der eigenen Verlustängste, so gut wie die Neigung, Andersdenkenden gleich Feindschaft zu unterstellen.

Wie schnell brachte ich als ehemaliger Städter die Behörden meiner neuen Wohngemeinde gegen mich auf, als ich einzelne Projekte des Gemeinderates in Frage stellte. Es ging mir um den Schutz der Lebensqualität, um derenwillen wir hierher, aufs Land, gezogen waren, vor Lärm, Verkehr und bestimmungsfremden Bauten in der Landwirtschaftszone. Mein Argument, die Lebensqualität betreffe die Gesamtheit der hier lebenden Menschen und gehe demzufolge allen Einzelinteressen vor, irritierte und befremdete. Dies noch mehr, als ich schließlich erklärte, dass ich diese Werte auch in einem Rekursverfahren gegen die Gemeindebeschlüsse verteidigen würde und dafür um Verständnis bat.

Selbstbewusst verkörperte ich dabei die männliche Liebesqualität, wie ich sie in Genpo Roshis Western Zen kennen gelernt hatte: Wahrhaftig und standfest, klare Grenzen setzend, auch auf das Risiko hin, dafür nicht geliebt zu werden. Wie nahe lag diesem kraftvollen Gefühl der Standhaftigkeit auch die Versuchung, sich in die Rolle des weißen Ritters zu verlieben? Gut vorstellbar, dass ich die Versammlung hätte überzeugen können, wenn die Liebe zur Sache sich nicht unversehens in eine Form von

Ich-Verliebtheit gewandelt hätte? Und noch viel mehr, wenn die Anwesenden neben der männlichen Klarheit auch die Gegenwart einer sie einbeziehenden Wärme verspürt hätten?

Wohl aus der gleichen Ambivalenz der Ich-Wahrnehmung übte der Satz *„Ein Meister ist frei, alles zu tun, was immer er will; denn er wird durch seine Taten kein Karma schaffen"* eine besondere Anziehung auf mich aus. Der Satz stammt aus einer alten Schrift des Kaschmirischen Shivaismus, einer Philosophie, die ich um ihrer Radikalität und Strenge Willen sehr liebe.

Nun: Woran erkennt man den Meister? Und was heißt es, frei von Karma – dem Gesetz von Ursache und Wirkung – zu sein? Alles tun zu dürfen?

In eine zeitgemäße Sprach- und Begriffswelt übersetzt, liest es sich schlichter: Karma lässt sich mit dem Schatten in der Jung'schen Psychologie vergleichen. Beide Phänomene – Karma wie Schatten – kreieren wir selbst, indem wir unsere Worte und Taten, deren sich das nach Vollkommenheit strebende Ich schämt, vor uns selbst verleugnen und sie samt dem dazugehörenden Wust ungeklärter Emotionen – Hass, Neid, Schmerz oder Sehnsucht – aus dem Bewusstsein verdrängen. Die verstoßenen Geschöpfe hungern nach Nahrung aus dem Stoff, aus dem sie gemacht sind. Fein nehmen sie ihre Chancen wahr und sorgen für den emotionalen Aufruhr, an dem sie sich wiederum erlaben. Das arme Ich hingegen findet sich umso tiefer verstrickt in die unselige Kette von Ursache und Wirkung, die es so sehr vermeiden wollte.

Um die Freiheit vom Zwang der unbewussten Kräfte geht es auch hier; mit einer raffinierten Nuance: Das Streben des Ich nach dem Status des Meisters führt ausweglos in die Falle des spirituellen Materialismus.

Die Bhagavad Gita führt uns weiter. Sie ist das Herzstück des Mahabharata, eines der beiden großen indischen Epen[34]. Im Handeln der Notwendigkeit des Herzens zu folgen und nicht dessen

---

[34] Brook, Peter (Regie): *Das Mahabharata*, DVD, London 2005

Früchte zu begehren, lautet die Essenz der ausführlichen Belehrung des Feldherrn Arjuna durch den göttlichen Krishna, als der vor der Aufgabe zurückschreckt, sich mit seinen dunklen Brüdern, den Kauravas, auseinander zu setzen. – Handeln wir um der Früchte willen, geraten wir in deren Abhängigkeit; wir verlieren unsere Freiheit und werden zum Spielball unserer Sehnsüchte. Sehnsüchte, nicht nur nach Anerkennung oder materiellem Lohn, sondern – um einiges subtiler – nach der Identifikation des Ich mit *seinem* Erfolg. Die Früchte auf dem inneren Weg fallen uns zu; oft erst – oder gerade – dann, wenn wir uns von ihrer Erwartung gelöst haben.

Mitgefühl als Gestaltungskraft

Verbreitet – ausgerechnet auch in unserer Wohlstandsgesellschaft – ist der Einwand, dass man sich angesichts der äußeren Zwänge den Luxus derartiger, schöngeistiger Gedanken nicht leisten könne; geschweige denn, ihnen zu folgen. Zugegeben: In Zeiten des raschen Wandels ist die Furcht vor dem Verlust der Arbeitsstelle mit ihren sozialen Folgen verständlich, und ich nehme sie sehr ernst. Jedermann – und jede Frau – muss das Vertrauen in die eigene Herzenskraft und seine Standfestigkeit selbst erspüren; denn es ist Teil des Menschseins: Wenn die Angst uns das Herz verschließt, gerät alles ins Wanken; erst recht eine nur vorgespiegelte Standfestigkeit. So ist es nicht mehr als weise, wenn wir uns in unseren Unternehmungen – jede und jeder für sich – auf das Maß an Risiko beschränken, mit dem wir zu leben vermögen. Wichtig ist, dass wir zu unseren Grenzen vor uns selbst wie vor den anderen stehen können: Denn je liebevoller wir mit der eigenen Begrenztheit umgehen, umso besser vermögen wir die Bedingtheiten aller anderen zu akzeptieren; und schon dadurch leisten wir einen nicht zu unterschätzenden Beitrag zu einer friedlicheren Welt.

Trotzdem habe ich besonderen Respekt vor Menschen, die unter schwierigen äußeren Umständen durchhalten – in Unternehmen und Institutionen, etwa, die nicht nach Sinn und Verantwortung fragen – und durch ihre Wahrhaftigkeit im allernächsten Umkreis so viel oder so wenig an Veränderung bewirken, wie es eben möglich ist. So mag es sein, dass sich die unscheinbare Nische im Nachhinein als Keimzelle für Größeres herausstellt. Mindestens aber bildet sie einen kleinen Lichtpunkt in dem sich laufend verdichtenden Netz des neuen Denkens.

Am meisten aber beeindrucken mich jene Menschen, die in repressiven Systemen gefangen oder isoliert sind und dennoch ihre Integrität bewahren. Hier bleibt nur hohe Achtung für die vielen, oft unbekannten Heldinnen und Helden, die an ihrem Ort aushalten und noch immer jeden, noch so kleinen Spielraum für die Verwirklichung ihrer Werte wahrnehmen.

Auch ihre Schicksale sind Teil der brodelnden Weltsuppe. Diese ganz unverstellt mit dem Herzen zu betrachten, ist heilsam. Nicht nur, weil ich aus eigener Erfahrungen weiß, dass die heilende Kraft des Herzens keine Distanzen kennt; sondern noch viel mehr, weil diese Art der Weltschau die eigene Wahrnehmung von Außen und Innen zutiefst verändert. Statt die Verursacher von Ungerechtigkeit, Leid und Schmerz mit den eigenen Feindbildern zu überziehen, nehmen wir sie als (noch) beschränkt Sehfähige wahr. Die Verbesserung ihrer Sehkraft unterliegt dabei weder unserem Willen noch unserem Zeitplan; es sei denn, wir wären ausdrücklich dazu aufgerufen oder gebeten. Der neuen Wahrnehmung folgt oft ein spontan erwachendes, Täter und Opfer einschließendes Mitgefühl, das unsere Stimme einen anderen Klang und neue Worte finden lässt. Sie sind getragen von einem hohen Respekt für das unseren Verstand übersteigende Wirken der evolutionären Kräfte, auch angesichts schmerzhaftester Prozesse. Durch die neue Sichtweise werden wir, ganz von selbst, wieder auf neue Art die Welt verändern. – Diese unbedingte

Liebe, auch für die Peiniger, schließt nicht aus, die zum Schutz der Gemeinschaft geschaffenen Regeln und Gesetze anzuwenden und durchzusetzen. Die entsprechende Quittung – frei von Schmerz, Hass und Rachegefühlen, die ja nur *uns* weiter in die Verstrickung führen würden – gehört mit zum Bewusstseinsweg des Fehlbaren. Falsches Mitleid hieße, ihn um seine Wachstumschance zu betrügen.

Innenausstatter des neuen Bewusstseins

Das Spektrum für die Mitgestaltung der globalen Gesellschaft ist riesig. Oftmals wirken wir auf mehreren Ebenen gleichzeitig. Vorausgesetzt, wir leben in einem freien Land, werden wir uns nicht mehr über die Wirtschaft oder die Politik beklagen wollen: Als eigenverantwortliche Konsumenten und Bürger finanzieren wir die Wirtschaft und wählen die Politiker, die wir haben. Darüber hinaus gestalten wir auf weniger vordergründige Weise die Bewusstseinsentfaltung durch die Gesamtheit unseres Fühlens, Denkens und Handelns mit. Neue Bewusstseinsebenen haben anfangs lediglich allgemeinen Charakter; ihre konkrete Ausgestaltung erhalten sie durch jene Menschen, die beginnen, darin zu leben und sich dort einzurichten. Es ist an uns, an der Möblierung der globalen Wohnstätte der Menschheit aktiv teilzunehmen.

Ikarus

Gehört es denn untrennbar zum Menschsein, dass Höhenflügen – auch jenen des modernen Bodhisattvas oder verantwortlichen Weltbürgers – regelmäßig der Abstieg in die Welt der Zweifel folgt? Eine mehr oder weniger gemilderte Form der Seelenkrankheit, die man gemeinhin als manisch-depressiv bezeichnet? Immer die gleichen Fragen melden sich mit ewiger Insistenz: Was tue ich denn in dieser Welt und wozu soll das gut sein?

Die Dunkelheit des Zweifels erscheint umso schonungsloser, je gründlicher wir die inneren und äußeren Gerüste, die uns einst Halt versprachen, demontiert haben. Kein persönlicher Gott und keine Heiligen sind mehr da, zu denen wir Zuflucht nehmen können, damit sie uns aufrichten; auch keine äußeren Regeln, denen wir entsprechen und damit unseren Status als rechtschaffene Bürger bestätigen können. Den Reflex, sich der äußeren Sicherheiten zu versichern, gewissermaßen schnell Kasse zu machen, haben wir durchschaut; der Satz eines mit Reichtümern gesegneten Freundes – *„Reichsein ist schön, dann kann man wenigstens komfortabel unglücklich sein"* – spricht Bände. Oft vermag nicht einmal die Umgebung liebender Menschen das Dunkel aufzulichten.

Was tue ich denn? Und wozu soll es gut sein? – Gleich einer nach innen laufenden Spirale weisen die Fragen jetzt auf mich: Auf mein innerstes Wesen, das doch ein Funke ist, des einen, mich umschließenden Seins. Namenlos ist es, und ohne Attribute: Absolut also (und ist nicht auch dies noch ein Konzept meines haltbedürftigen Ichs?). Das Eine also, das ich bin? Ein Nichts und ein Alles? Oder Alles ein Nichts? Grabesstille.

Konnte ich damit rechnen, dass mich nach dem völligen Eintauchen in die Finsternis – wie auch diesmal – bald einmal das Leben berührt? Ein Laut, ein Licht, eine Empfindung, vielleicht auch meine vitalen Impulse, die mich wieder zum Lebendigen führen? Könnte es sein, dass das Ich, das sich vor dem Absturz mit dem Sonnenfunken verwechselt hatte, sich umso länger im Dunkeln festhält, als es nur die eine, lichte Seite wahrhaben will und die andere verneint? Nichts und Alles: Hatten wir dies nicht schon einmal? Nichts ist wichtig – alles ist wichtig!

Offenbar brauchen wir derartige Zyklen, um nach und nach jenen inneren Ort zu finden, von wo aus wir schadlos immer größere Spannweiten des Seins leben können. Geduldig scheinen die Zyklen sich zu wiederholen: Las ich nicht schon vor mehr als zwanzig Jahren vom auf die Sterne gerichteten Blick, während die Hände den Pflug führen?[35]

Was mag sich geändert haben, seit ich den Satz zum ersten Mal hörte? Mein Herz habe ich entdeckt, als Bindeglied zwischen Hand und Kopf, damit sie sich nicht verlieren und getrennte Wege gehen. Vielleicht fühle ich mich deshalb schlichter, sachlicher – auch aufgehobener und sicherer. Was gibt es mehr, als mit der Welt zu sein, mit ihrem Licht und ihrem Dunkel, und das Mögliche beizutragen, damit es hier immer schöner werde?

[35] Wenn ich mich richtig erinnere bei Peter F. Drucker, dem Gründervater der Management-Studien.

3 Wie wir die Welt (mit-)gestalten

Mit der Hand am Pflug sehe ich mich als Zelle innerhalb eines größeren Ganzen; der Blick auf die Sterne eröffnet die Vision einer globalen Gemeinschaft, eingebettet in noch umfassendere, mir nicht zugängliche Ordnungen. Im Herzen verbinde ich die beiden Ebenen: Vision und Handeln. Ich weiß, dass es für mein Leben und das meiner Umwelt gut ist, wenn ich Kopf, Herz und Hand zusammenbringe.

Alles wirklich Neue beginnt in unserem Herzen. Wenn hier die Freude keimt, wenn uns hier Begeisterung für unser Tun erfasst, wissen wir, dass wir das leben, was uns am nächsten liegt: unsere Einzigartigkeit. Dann hat, was und wie wir es tun auch Sinn – und dass unser Leben Sinn habe, ist in Wirklichkeit unser größtes Anliegen: Nichts bereitet uns tiefere Befriedigung.

Stellen wir uns nur einmal kurz vor, wie wir aus der letzten Minute auf unser Leben zurückschauen: Was an unserem Tun ist wertvoll? Wo liegt unsere größte Freude? – Oder seien wir in der Vorstellung unsichtbarer Gast an der eigenen Abdankungsfeier und hören unseren Freunden zu, wie sie uns wahrgenommen haben, was wir für sie bedeuteten: Was würde uns freuen, zu vernehmen?

Es sind wohl genau jene Qualitäten, die uns so kostbar sind, dass es uns schmerzte, sie zu verraten. Mehr noch: Wenn wir diese für uns höchsten Werte auf unsere ganz einzigartige Weise verkörpern, sind wir auf der Spur zum Lebensglück.

Die Reflexion führt weiter: Damit unsere Werte und unsere Begeisterung wirklich fruchtbar werden, brauchen sie eine Ausrichtung, die unseren eigenen Nutzen übersteigt: Indem unsere Einzigartigkeit mit dazu beiträgt, diese Welt schöner und lebenswerter zu machen; für uns und alle anderen.

Dort, wo unsere Einzigartigkeit – unsere Begabungen, unsere Werte und unser inneres Feuer – sich mit den Bedürfnissen der Gesellschaft trifft, finden wir unsere wahre Berufung, unseren Lebenssinn. Das innere Aufleuchten, wenn wir das Unsrige gefunden haben, ist unverwechselbar; es hat mit dem gewöhnlichen Wunschdenken nichts gemein.

Vom Sinn zur Umsetzung

Geld? Natürlich brauchen wir Geld zum Leben. In einem ausgeglichenen Maß hilft es uns auch, gut zu leben und uns daran zu erfreuen. Menschen, die ihre Einzigartigkeit mit Freude leben, strahlen dies auf ihre Umwelt aus. Indem sie ihre Fülle fließen lassen, ziehen sie die Mittel an, die sie für ein gutes Leben brauchen. Umgekehrt bringt die Angst, nicht genug zu bekommen, den Lebensfluss zum Stocken, und wenn von innen nichts mehr nachfließt, bleibt das äußere Flussbett trocken.

Der Geldforscher Peter Koenig[36] schreibt, dass – vereinfacht gesagt – das Geld in der Gesellschaft immer in einer Richtung fließe: *„Die Leute mit den negativen Projektionen geben das Geld den Leuten mit den positiven Projektionen."* Die Ratschläge für den guten Umgang mit der indischen Göttin Lakshmi, die für die Fülle, auch die materielle, zuständig ist, sagen das Gleiche: Lakshmi entzieht sich jenen, die sie nicht würdigen. Sie flieht auch jene, die sie festhalten wollen, und erst recht übergeht sie die Unglücklichen, die sich ihrer nicht für würdig halten.

Wie viele kostbare Initiativen sind aus der Fülle des Herzens entstanden und haben sich dann in die Abhängigkeit vom Geld verstrickt? Die Erfolgreichen, die noch immer mehr davon wollen, wie die Bedürftigen, die ihm immerzu nachrennen: Beide lassen sie die eigene Fülle im Stich, die doch erst die äußere anzuziehen vermag.

---

[36] Koenig, Peter: *30 dreiste Lügen über Geld*, Zürich 2004

Das tätige Leben macht es nicht immer einfach, den freien Fluss unserer Einzigartigkeit in den Dienst an der Gesellschaft aufrecht zu erhalten. Vielfältig sind die Irritationen, die von allen Seiten auf uns einstürmen und uns immer wieder in unbewusste emotionale Verstrickungen zu ziehen vermögen. Zumal wir uns nicht einfach in einem geschlossenen System befinden, sondern Teil einer dynamischen Evolution sind: Teil des sich laufend, in jedem Augenblick neu emergierenden Bewusstseins. Das kann verwirrend sein.

Vision: Gegenwärtige Zukunft

Wie können wir uns, immer wieder neu, dafür öffnen, was sich durch uns gebären will? Wir tragen das innere Wissen um unser Zukunftspotenzial und die Möglichkeiten seiner Entfaltung in uns; es braucht nur entdeckt zu werden.

Wer sich mit der inneren Landkarte noch nicht leicht zurecht findet, ist mit einer wegkundigen Begleitung gut beraten.

Trotzdem will ich den Ablauf der Entdeckungsreise in knappster Form wiedergeben: Wir gehen von unserem inneren Feuer und unseren individuellen Gaben aus sowie vom Sinn, den sie für die Gesellschaft haben. Das Herz ist offen für die Welt, alles ein- und nichts ausschließend. Für den Wechsel von Raum und Zeit kann man sich von einem Ballon erst in die Unendlichkeit tragen und von da in einer fünf oder zehn Jahre vor uns liegenden Gegenwart absetzen lassen; wer es ganz direkt mag, lässt sich im Augenblick der Leere zwischen Ein- und Ausatmung in die Zukunft fallen. Es ist der Ort, wo unser Wirken inzwischen Früchte getragen hat. Ihn wollen wir erfahren, nicht als bloße Betrachter, sondern mit Haut und Haaren und beiden Füssen auf dem Boden: Indem wir den Geschmack dieses inneren Ortes, seine Atmosphäre – vielleicht auch Menschen und eine Qualität von Bewegung oder Aktivität – mit allen Sinnen wahrnehmen und tief, bis ins

Gedächtnis unserer Zellen einsinken lassen. Es geht um die Essenz der jetzt in der Gegenwart erfahrbaren Zukunft. Ich empfehle jeweils, die Erfahrung – Bilder oder Worte, sinnliche Impulse oder ein tieferes, noch wortloses Wissen – anschließend in einer Beschreibung, wiederum in Gegenwartsform, festzuhalten.

Es geht nicht darum, die Vision – das vergegenwärtigte innere Bild der Zukunft – möglichst rasch und originalgetreu in der Wirklichkeit zu rekonstruieren. Wichtig ist der lebendige Grundstrom, den sie bewirkt. Ein Strom, an dem wir immer wieder, besonders in Augenblicken der Unsicherheit, die Ausrichtung unserer Handlungsimpulse überprüfen können.

Im Falle von Unternehmen und Institutionen können große Gruppen bis zu mehreren hundert Beteiligten durch einen gemeinsamen Visionsprozess geführt werden. Die aus dem inneren Wissen eines ganzen Organismus zusammengetragene Vision wird sich nicht nur als hervorragendes Instrument zur Bündelung der Kräfte erweisen; die alle einschließende Gemeinschaft verleiht ihr – wie ich als Unternehmer und Begleiter anderer Gruppen erlebt habe – eine hohe Anziehungs- und Verwirklichungskraft.[37]

Aus einer Vision, die auf dem Boden der Einzigartigkeit eines Organismus sowie seines Dienstes an der Gesellschaft entdeckt wurde, lässt sich die ganze Kaskade ihrer Verwirklichung – von der Inspiration bis zum materiellen Resultat – mit großer Leichtigkeit ableiten: Ein harmonischer Prozess der zunehmenden Konkretisierung aus dem Geist in die Materie

---

[37] Jecklin, Hans / Köhler, Martina: *Wirtschaft wozu? Abschied vom Mangel*, Winterthur 2003

Geist	Inspiration
Integrierende Schau	Vision
Sensibilität	Bezug zum Umfeld
Rationalität	Strategien und Strukturen
Mythos	Grund- und Glaubenssätze
Emotionalität	Anziehung und Abstoßung
Vitalität	Geschäftsgang und Gewinn
Materie	Besitz und Schulden: Soll und Haben

Sein und Handeln

Die zuverlässigste Überprüfung unserer Handlungsimpulse geschieht im Herzen: Die Lebendigkeit der unbedingten Liebe ist Maß und Wegweiser. Lebt sie auf, wenn wir unsere Pläne in ihrem Lichte betrachten? Oder wird es dumpf dabei in unserem Herzen? Das Herz reagiert äußerst sensibel: Auf das Stimmige wie das Unstimmige, auf mit der Sinngebung nicht kohärente Motivationen. Schnell und oft unbemerkt schleichen sie sich in unsere Absichten ein: Eigennutz, Selbstverliebtheit, Konkurrenzneid, Angst und viele weitere Nuancen.

Ist die Kultur eines Teams vom Geist der Wahrhaftigkeit geprägt, werden derartige Unstimmigkeiten rasch wahrgenommen und aus dem Kreis zurückgespiegelt.

Die Magie des Kreises

Die Kreisform steht am Anfang jeder Gemeinschaft. Im Kreis – physisch oder imaginär – steht die Sache, das gemeinsame Anliegen, im Mittelpunkt. Die Kreisform impliziert, dass die Perspektive auf das Zentrum von einem Teilnehmenden zum anderen variiert.

Gleichzeitig erhalten alle Einzelnen durch die anderen Mitsehenden eine umfassendere Sicht auf die Aspekte des Anliegens: Eine Gesamtbetrachtung, die das Sehvermögen eines Einzelnen übersteigt. Dies ist jedoch nur der eine, vordergründige Aspekt.

Wirkt im Hintergrund der Strom einer gemeinsam entdeckten Vision, erhält die Ausrichtung des Kreises auf sein Anliegen eine zusätzliche Dimension: Es scheint sich ein kollektives Informationsfeld des Organismus zu bilden; sein Wesen fühlt sich lebendiger und reichhaltiger an, als nur die Summe des Wissens aller Beteiligten. Das Feld scheint eine Anziehungskraft auf die augenblicklich benötigte Information auszuüben; es wirkt geradezu, wie wenn die Emergenz zukünftiger Potenziale in den Kreis hereingeholt werden könnte. Dort können sie von den verschiedensten Seiten her begriffen werden: Ihre Qualitäten, Nebenwirkungen und Bedingungen für die Umsetzung werden wahrnehmbar, wiederum unter den verschiedensten Perspektiven. Dass sich in diesem Geist vorbereitete und begleitete Projekte mit geringsten inneren Reibungsverlusten verwirklichen lassen, liegt auf der Hand. Stille Resignation und innerer Rückzug kommen in der Kreiskultur kaum vor.

Der Kreis braucht verbindliche Regeln, die von den Einzelnen mitgestaltet werden, sowie eine Form von Führungsfunktion, die ich – ob Teamchef, Coach oder Sprecher – als Treuhänderschaft gegenüber dem Kreis und seiner Ausrichtung verstehe.

Wächst der Organismus, teilt er sich, wie in der Evolution der Lebewesen, in Funktionen auf, die untereinander zum Wohl des Ganzen kooperieren. Sehen wir die kleinsten dieser spezialisierten Kreise als kleine Ganzheiten – Holons – sind sie in größere, sie umfassende Ganzheiten – komplexere Holons – eingebettet. Auch diese Holons können sich wiederum mit anderen zu noch komplexeren Holons zusammenschließen und erfüllen dann ihre spezielle Funktion innerhalb dieser neuen Ganzheit.

Die holarchische Organisationsform bleibt durchgängig, vom kleinsten bis zum größten Kreis; denn die Teamchefs, Coaches oder Sprecher der kleineren Kreise sind wiederum Mitgestalter des jeweils umfassenderen Kreises. Das Prinzip der Holarchie, der fortlaufenden Integration kleinerer in umfassendere Holons von zunehmender Komplexität, lässt sich theoretisch unendlich ausbauen. Die Grenzen sind dann erreicht, wenn der kleinste Kreis den Bezug zum ganzen Organismus zu verlieren droht, oder, mit anderen Worten: Wenn die Sinngebung des großen Organismus die Teilnehmenden des kleinsten Kreises nicht mehr im Herzen zu beleben vermag, wenn das persönliche Sinnbedürfnis der Einzelnen sich im Gesamtorganismus nicht mehr als beheimatet empfindet; wie in jener Großbank, wo die frisch eingetretene Leiterin des Bereichs Human Resources auf ihre Frage nach der Unternehmensphilosophie seitens ihrer Direktionskollegen mit der Antwort *„Geld verdienen! Was denn sonst?"* beschieden wurde.

Die Belebung des ganzen Körpers, aller seiner Organe und Nervenverbindungen, bis hinein in die einzelnen Zellen, verlangt eine sinnerfüllte Organisationskultur. Wie der bewusste Mensch braucht der bewusste Organismus ein Reflexionsorgan, das zuhört, wahrnimmt und letztlich entscheidet: Der äußerste, alle umfassende Kreis, als Treuhänder dem Wohl des gesamten Organismus verpflichtet, aber noch mehr der globalen Gesellschaft, deren Teil er ist und deren Wohl er dient.

Vergessen wir es nicht: In diesem holarchischen Aufbau finden die Einzelnen einen erfüllenden Lebenssinn; sie sind verantwortliche Mitgestalter eines Dienstes an der Gesellschaft. Für Organisationen – Institutionen und Unternehmen – bildet dieser Dienst am Gemeinwohl die Existenzberechtigung: Wenn sie zu nichts dienen, braucht es sie nicht. Auf lange Sicht werden die zunehmend sensibilisierten und immer bewussteren Weltbürger keine Unternehmen und Institutionen ernähren, die sich lediglich auf Kosten der Gemeinschaft bereichern.

Für gemeinnützige Institutionen bietet sich der holarchische Aufbau geradezu an. Auch die Unternehmensform der Genossenschaft, in der Wirtschaft weiter verbreitet, als wir gemeinhin denken, ist dafür bestens geeignet. Heikler wird es für Unternehmen, deren Hauptziel die Maximierung des Gewinns ist: Der Kreis als Grundform der Mitgestaltung wird unfehlbar die Sinnfrage, die Wirkung der Unternehmenstätigkeit auf Umwelt und Gesellschaft sowie letztlich die Verteilung des gemeinsam erarbeiteten Gewinns zur Diskussion stellen.

Selbstverständlich ist die holarchische Struktur für jedes aufgeschlossene Unternehmen, gleich welcher Besitz- oder Rechtsform, in idealer Weise geeignet. Sie ist aber auch herausfordernd. Der am Bild der Gemeinschaft orientierte Organismus ist sensibler und kreativer als eine hierarchisch geführte Institution. Andererseits verlangt er von der Unternehmensleitung ein hoch entwickeltes Bewusstsein für Transparenz und Glaubwürdigkeit. Es ist durchaus möglich, dass die Eigentümerschaft gewisse Bereiche von der Mitbestimmung oder sogar Mitsprache ausschließt, doch müssen die entsprechenden Rahmenbedingungen klar formuliert und bekannt sein. Denn nichts ist kontraproduktiver, als – auch in guter Absicht – Erwartungen zu wecken, die man, wenn es darauf ankommt, schließlich doch nicht erfüllen will oder kann.

Die Öffnung auf das Gemeinschaftliche hin gehört meines Erachtens zum Weg in eine neue und fruchtbare unternehmerische Zukunft. Die einzelnen Schritte dahin wollen sorgfältig bedacht sein, denn die Enttäuschung geweckter Erwartungen geht auf Kosten der Glaubwürdigkeit.

Die Idee der Gemeinschaft löst – vielleicht gerade wegen ihres hohen Anspruchs an alle Beteiligten – noch immer Angst aus. Ausgrenzung und Widerstand erleben auch heutige Pioniere, die Gemeinschaft als ganzheitliche Lebensform im Einklang mit der Umwelt erforschen. Am heftigsten die Gemeinschaft San José in Kolumbien, die jeder Form von Gewalt entsagt, eine urchristlich anmutende Lebensform pflegt und doch von Regierungsarmee und Paramilitärs regelmäßig mit Waffengewalt heimgesucht wird. Auch Tamera in Portugal, das mutige Forschungsprojekt eines autarken Friedensdorfes mit seiner im Aufbau begriffenen Friedensuniversität, und Damanhur im Piemont werden mit Argusaugen verfolgt, mit besonderem Interesse für Unvollkommenheiten, die auch anderswo leicht zu finden wären. Ich sehe das Wirken dieser Gemeinschaften wie tastende Finger der Evolution, welche die noch unscharfen Konturen des Neuen zu konkretisieren versuchen. Ein Glück, dass es Menschen gibt, die sich ganz diesem Entdeckergeist verschreiben![38]

Das Musikwunder von Venezuela

Simon Rattle, Chefdirigent der Berliner Philharmoniker, nennt es das Wesentlichste, das heute in der Welt der Musik geschieht, wenn nicht für die Menschheit überhaupt: Die Musikbewegung in Venezuela – das Sistema de Orquesta Juvenil e Infantil de Venezuela – ist ein wunderbares Beispiel für die Geburt einer großen Idee aus dem Impuls eines Einzelnen. Musik zur Bildung sowie zur seelischen und sozialen Stabilisierung der vielen unter schwierigsten Umständen lebenden Jugendlichen einzusetzen, war das Anliegen von José Antonio Abreu, Musiker, Ökonom und Politiker. Um seine Vision bildete sich vor rund 30 Jahren ein Kreis von gleich gesinnten Musikern. Mit einer ersten Probe in einer unterirdischen Parkgarage begann die praktische Umsetzung. „Spielen und Kämpfen" war von Anfang an das Losungswort. Es steht noch heute für die Verbindung der Freude am Musikmachen mit einem unbeirrbaren Durchhaltewillen, der die Bewegung motiviert und immer weiter trägt. Der kleine Kreis – elf Musiker haben an der ersten Probe teilgenommen – ist zu einer eingeschworenen

---

[38] Lichtenfels, Sabine: *Grace*, Berlin 2006
Duhm, Dieter: *Die heilige Matrix*, Berlin 2003

Gemeinschaft herangewachsen: zu einer Bewegung, die aus den kleinsten Zellen und Organismen heraus lebt, das ganze Land überzieht und jetzt – den Kreis der Initianten überschreitend – in die globale Dimension reicht.

Heute werden in Venezuela 250.000 Kinder und Jugendliche – zum großen Teil aus ärmlichen Verhältnissen stammend – von 1.500 Lehrkräften in neunzig landesweit verteilten Musikschulen unterrichtet; sie alle wirken mit in hunderten von Chören und Orchestern unterschiedlichster Zusammensetzung. Das Beispiel Venezuela hat inzwischen ähnliche Initiativen in anderen südamerikanischen Ländern bewirkt. Die Gastspiele der Sinfónia de la Juventud Venezolana Simon Bolivar in den europäischen Musikzentren lösen Begeisterung und Überraschung aus.

Das Wunder wäre perfekt, wenn die Resonanz der aufregenden Konzerte auch die Bildungspolitiker erreichte; als lebendiges Beispiel für das, was bereits die Ergebnisse unabhängiger wissenschaftlicher Untersuchungen sagen: Aktives Musizieren fördert nicht nur die Intelligenz, sondern auch die Sozial- und Kommunikationskompetenz der jungen Menschen.[39] Ein naheliegender Ansatz also, zur Förderung einer Gesellschaft von verantwortlichen und gemeinschaftsfähigen Weltbürgern.

Dass die weltweite Resonanz auf die Gastspiele des Jugendorchesters unter seinem begeisternden Dirigenten auch die wenig sensitive Seite des Musikbusiness auf den Plan gerufen hat, gehört mit zum Tanz von Licht und Schatten: Die sich bietende lukrative Marktchance wird – den (r)evolutionären Aspekt der Bewegung ignorierend – schnell wahrgenommen und ausgeschöpft. Die Bewegung selbst wird den Rummel mit größter Wahrscheinlichkeit unbeschadet überstehen. Dem noch sehr jungen Dirigenten, der als *rising star* bereits weltweit gehandelt wird, kann man wünschen, dass er sein kostbares Feuer nicht vorzeitig im Erfolgstaumel verbrenne.

---

[39] Bastian, Hans Günther: *Kinder optimal fördern – mit Musik*, Mainz 2001

Intelligent wirtschaften

Die Vision intelligenten Wirtschaftens, wie sie der deutsche Chemiker Michael Braungart[40] zusammen mit seinem amerikanischen Partner William McDonough entwickelt, stammt aus der gleichen Freude am Mitgestalten von Schönheit in dieser Welt: Aus einer Lust am guten Leben. Nichts von Sack und Asche eines bereuenden Sünders; nicht einmal das Wort Nachhaltigkeit hört Braungart gerne: *„Stellen Sie sich Nachhaltigkeit in der Liebe vor. Vermag das Ihr Herz zu bewegen? Wie wäre es denn stattdessen mit Begeisterung und Lebendigkeit?"*

Viel lieber hat er das Bild des Kirschbaums: Dieser produziert Fülle für sein Umfeld und ernährt sich dabei selbst. Seine Blütenpracht erfreut unsere Herzen und nährt die Insekten, die dafür Pollen weiter tragen. Vögel und Menschen genießen seine Früchte. Was davon abfällt, sorgt für das Weiterleben der Art und nährt schließlich das Leben im Boden, auf dem er steht. Der Kirschbaum verschenkt sich in verschwenderischem Überfluss, und es geht ihm gut dabei: Je größer die Verschwendung, umso schöner für alle.

Übertragen in die Praxis des Produktdesigns geht es darum, von allem Anfang an zwei Arten von Stoffen zu unterscheiden. Einmal die nachwachsenden, aus Pflanzen gewonnenen Materialien, die der Natur wieder als hochwertige Nahrung zurückgegeben werden: Als Kompost, frei von Schadstoffen; je mehr davon, desto besser. Andererseits die kostbaren Stoffe aus endlichen Ressourcen wie etwa Metalle oder Erdölderivate. Diese sollen in hochwertiger Form – also frei von Verunreinigungen durch Fremdstoffe, wie Farben oder Lacke – zurück gewonnen werden, damit sie in immer wieder neue Lebenszyklen neuer Produkte eingehen können. Im Unterschied zum konventionellen Recycling, wo aus jeder Rückgewinnung eine mindere Materialqualität resultiert,

---

40 Braungart, Michael: *Einfach intelligent produzieren*, Berlin 2005

geht es hier um die Wiedergewinnung der Ausgangsstoffe in der ursprünglichen Qualität. Für Mensch und Natur schädliche Gifte werden ersetzt, dank intelligentem Molekulardesign oder durch natürliche Ersatzstoffe.

Technische Produkte, in denen nachwachsende und endliche Stoffe kombiniert eingesetzt werden, sollen nach Braungart dem Nutzer ausschließlich zum Gebrauch überlassen werden, jedoch im Eigentum des Herstellers bleiben: Verkauft ein Hersteller statt des Autos den Nutzen von 100.000 Fahrkilometern einschließlich aller Kosten wie Service, und Treibstoff, wird er das Produkt im eigenen Interesse so konzipieren, dass er die hochwertigen Stoffe mit kleinstmöglichem Aufwand wieder vollständig zurückgewinnt und die Unterhalts- und Betriebskosten des Produkts so gering wie möglich ausfallen. Nach dem gleichen Prinzip ließen sich auch der Nutzen von Geräten der Unterhaltungselektronik während beispielsweise fünf Betriebsjahren oder einige tausend Reinigungszyklen von Waschautomaten anstelle der entsprechenden Produkte verkaufen.

Die Tatsache, dass dies schöner ist als stinkende Abfallhalden und die schleichende Vergiftung der Menschheit durch chemische Schadstoffe, verbindet erfolgreiches Wirtschaften mit dem Gemeinwohl auf herzerfreuende Weise.

„Wir Menschen sind nicht so wichtig", meint Braungart, indem er auf die Ameisen verweist, die insgesamt vier Mal so viel wiegen wie die ganze Menschheit und doch die Erde nicht schädigen. *„Aber was wir tun und auf welche Weise, macht sehr wohl einen Unterschied"*, denkt es in mir weiter. Die Bewusstseinsentwicklung hat uns mehr eigenständige Gestaltungsmöglichkeiten und damit scheinbar mehr Handlungsfreiheit gegeben als den Kirschbäumen und den Ameisen. Das Geschenk der relativen Freiheit des Handelns anzunehmen und – vor allem – es auszupacken und anzuwenden, hieße, die inneren Ursprünge des blinden Eigennutzes zu kennen und ihnen nicht zu folgen; aus freier Liebe zur Schönheit des Seins.

Das Denken von Michael Braungart und seinem Partner William McDonough befruchtet – auch durch ihre Lehrtätigkeit – die Wirtschaft in vielfältiger Weise. Zahlreiche „schöne" Produkte sind schon auf dem Markt: Von Toilettenartikeln über Textilien bis hin zur Architektur. Sie haben auch wirtschaftlichen Erfolg; denn sie haben Sinn für die Gesellschaft. Darin liegt ihre Anziehungskraft.

Begeisterung lässt sich nicht verzwecklichen!

Oft jedoch sind ein neu aufkeimender Sinn und das Vertrauen in seine Anziehungskraft noch nicht stabil genug, wenn die Anzeichen wirtschaftlichen Erfolgs bereits auch die weniger subtilen Kräfte mobilisieren: Eigennutz und Machtstreben sind unersättlich.

Doch Begeisterung lässt sich nicht einfach verzwecklichen: Verlegt sich der Fokus des unternehmerischen Handelns von Sinn und Dienst auf die Maximierung des Ertrags, bleibt von der einstmaligen Blütenpracht oft nur noch die leere Hülle zurück. Leere Marken-Ikonen vermögen wohl noch eine Zeit lang das Begehren der Konsumenten zu erwecken. Ist ihre Anziehungskraft erloschen, werden sie durch neue Trendmarken abgelöst. Noch ernährt sich ein beträchtlicher Teil der Wirtschaft und auch des Kulturbetriebs aus diesem Maskenspiel mit ihren Kunden.

Repräsentanten dieses Denkens sehen auch in den Folgen des Klimawandels vorab neue Geschäftsfelder. Eben heute ist mir der Rat eines auf diese Weise „umweltbewussten" Anlageberaters ins Haus geflattert; er schreibt, dass *„zu den Nutznießern dieser Entwicklung Unternehmen zählen, die Lösungen für die Welt von Morgen anbieten. ....* " und dass er dementsprechend für die Umwelttechnik-Branche einen eigentlichen Boom der Aktienkurse erwarte.

Auf den ersten und vielleicht auch auf einen zweiten Blick scheint die Argumentation durchaus legitim zu sein. Besser jedenfalls, da pflichte ich bei, als sein Geld bei Unternehmen anzulegen, welche für die Wirkung ihrer Produkte und Produktionsmethoden auf das Gemeinwohl noch blind sind.

Trotzdem ist es im Sinne des Bewusstseinswandels wichtig zu sehen, wie dieses Denken den respektvollen Umgang mit der Gesellschaft und der Natur verzwecklicht und der fatalen Maxime unterwirft, wonach allgemeine Anerkennung genießt, wer so viel als möglich nimmt und so wenig wie möglich gibt. In diesem Kontext sind „grün" oder „sozial verantwortlich" lediglich neue Etiketten, mit denen das alte Spiel in neuem Gewand fortgesetzt wird.

Unternehmensleitungen, die – den Blick auf die Kursentwicklung und der Quartalsresultate gerichtet – selbst unter Erwartungs- und Erfolgsdruck stehen, werden auch von Druck und Angst geprägte Unternehmenskulturen schaffen. Für Fragen nach Begeisterung, Sinn und Dienst sowie deren Anziehungskraft bleiben weder Zeit noch Raum.

Unterscheiden und entscheiden: Was will ich fördern?

Dank der Fixierung auf die Aktienkurse genießen die Milliardengewinne der großen Unternehmen fast ausschließlich Bewunderung. Dabei könnte sich der kritische Konsument durchaus auch fragen, wer denn eigentlich die hohen Gewinne, zum Beispiel der Telekomgesellschaften, der Pharmariesen oder der Banken, finanziert. Doch mit ewig steigenden Aktienkursen rechnen schließlich alle; auch die Institutionen der Altersvorsorge, im Namen der breiten Bevölkerung.

Lotto

Ich muss es an dieser Stelle einfach sagen; vielleicht haben sie es ja noch nie so bedacht: Wer auf den Kursgewinn von Aktien spekuliert, leistet nichts für das betreffende Unternehmen, auch keine Versorgung mit

Kapital; denn dieses hat es bereits bei der Ausgabe der Aktie erhalten. Wer Aktien in der Erwartung von Kursgewinnen kauft und verkauft, profitiert letztlich von der Leistung anderer, je nachdem sogar auf deren Kosten. Die Kursgewinne sind in der Regel steuerfrei; im Gegensatz zum Einkommen jener, die für den Gewinn gearbeitet haben. Dabei müssen doch Lottogewinne auch versteuert werden.

Je mehr Wachstum auf die natürlichen Grenzen der Märkte stößt, umso eher kann es nur noch durch Unternehmenskäufe oder Fusionen erreicht werden. Eine Folge dieser Entwicklung sind immer weniger, dafür mächtigere Unternehmensgebilde, welche die Märkte kontrollieren und ihren stets wachsenden Einfluss auf die Medien und die Politik ausüben. Der Machtzuwachs fließt nur in eine Richtung, kann man in Analogie zur Aussage von Peter Koenig über den Geldfluss sagen: Von der Ohnmacht zur Macht.

Da die Nationalstaaten untereinander im ungehemmten (nicht nur) steuerlichen Standortwettbewerb stehen, statt sich auf globale oder mindestens regionale Rahmenordnungen zu einigen, wird die Abhängigkeit der Politik von der Gunst der Großunternehmen weiter zunehmen.

Im Bereich der Wirtschaft scheint der Spielraum des Weltbürgers für die Wahrnehmung seiner Verantwortung gegenüber dem gemeinschaftlichen Wohl klein zu sein. Zumindest auf den ersten Blick. Trotzdem gibt es Alternativen, und es ist an uns zu entscheiden, welches unternehmerische Verhalten wir unterstützen oder allenfalls meiden wollen:

- Auf Initiative eines für eine verantwortungsvolle Raumplanung engagierten Bürgers entstand in der Schweiz unlängst eine Bewegung gegen das Vorhaben einer Kantonsregierung, einem internationalen Konzern ein umfangreiches Terrain zur Erstellung einer großflächigen Industrieanlage inmitten einer der selten gewordenen, zusammenhängenden Landwirtschaftszonen anzubieten. In kürzester Zeit kam eine landesweite Welle des Widerstandes zustande, die durch ihre Geschlossenheit dazu beitrug, dass sich die Konzernleitung schließlich für einen anderen Standort entschied. Unterstützer der Initiative erlebten allerdings auch, wie leicht sich die in weiten Teilen der Bevölkerung latente Angst gegen sie mobilisieren ließ: In Form öffentlicher Diffamierung oder anonymer Anrufe. Die Vorrangstellung des Wirtschaftswachstums und des Erhalts der Arbeitsplätze gegenüber allen anderen Werten darf offenbar nicht ungestraft in Zweifel gezogen werden.

- Wer Kapital anzulegen hat, kann sich vom Spiel der Aktienkurse fern halten und seine Mittel dort anlegen, wo sie die Unternehmen und ihre Leitungen nicht zu rücksichtslosem Verhalten motivieren. Dies ist nicht unbedingt einfach, wenn man – zum Beispiel nach Abschluss der Erwerbstätigkeit – vom Ertrag des erworbenen Vermögens leben will.
- Auch als Kunden können wir jene Unternehmen unterstützen, deren Tätigkeit auf Sinn und Dienst im Rahmen des Gemeinwohls ausgerichtet ist. Grundsätzlich verfügen Mittel-, Klein- und Kleinstunternehmen diesbezüglich über größere Freiheit. Auch Genossenschaften sind dank ihrer speziellen Rechtsform dem Börsenspiel nicht unterworfen. Die Preise kleiner Unternehmen mögen hie und da etwas teurer sein, weil diese mit ihrer beschränkten Einkaufsmacht keine Lieferanten unter Druck zu setzen vermögen. Doch wem die Vielfalt der Unternehmenslandschaft ein Anliegen ist und wer das Prinzip fairer Partnerschaft vertritt, wird auch die Preiswürdigkeit von Produkten und Unternehmen aus dem Blickwinkel des gemeinschaftlichen Wohls beurteilen.

- Indem wir gemeinschaftsdienliche Unternehmen durch unser Kaufverhalten unterstützen, fördern wir mehr als ihre wirtschaftliche Gesundheit: Mehr und mehr wertvolle Mitarbeiterinnen und Mitarbeiter werden sich von Unternehmen motiviert und angezogen fühlen, die ihr Bedürfnis nach Sinn und Mitgestaltung erfüllen. Dadurch geraten immer mehr Unternehmen in den Sog des Bewusstseinswandels und entdecken dabei, dass sinnvolles Wirtschaften nicht nur möglich, sondern auch schöner ist.
- Verantwortliche Weltbürger können sich der Aufgabe nicht entziehen, die Unternehmen sowie ihre Einwirkung auf ihr Umfeld genauer anzusehen und daraus die Konsequenzen zu ziehen. Wer, wenn nicht die Kunden, ernährt die Unternehmen? Keines kann es sich auf die Dauer leisten, die Erwartungen und Bedürfnisse der Kundschaft zu ignorieren. Verantwortliche Weltbürger tragen als bewusste Kunden zur Bewusstwerdung in der Wirtschaft bei; als Mitglied einer Vorsorgeeinrichtung oder als Anleger sind sie Mitbesitzer mancher Unternehmen und haben so die Möglichkeit, ihren Einfluss auf die Unternehmenspolitik geltend zu machen.

Inspirationen aus dem Sein

Heute ist ein besonderer Morgen. Jetzt sitze ich an meinem Arbeitsplatz; durch das Fenster vor mir blicke ich auf eine von Olivenbäumen bewachsene Hügelbucht, die sich in die weite Ebene des Val di Chiana öffnet. Im Morgendunst vermag ich gen Osten einen Ausläufer des trasimenischen Sees zu ahnen, mehr im Westen zeichnet sich der Monte Amiata ab. Im Garten zwitschern die Vögel.

Auf meinem frühen Morgengang bin ich wieder in der Kirche Santa Margherita eingekehrt; hoch thront sie auf dem Hügel, an den sich das Städtchen Cortona anschmiegt. Beim Eintreten in den menschenleeren Raum und erst recht, als ich mich in einer der Bänke niederlasse, erfasst mich ein warmes Gefühl des Nachhausekommens. Ich fühle mich willkommen, aufgehoben, erkannt.

Es beginnen sich Fragen zu melden: Wenn meine Vernunft einen persönlichen Gott ausschließt, wer denn, überhaupt, könnte mich hier erkennen oder willkommen heißen? Geistige Wesen, Engel etwa, gleich mir aus dem einen Sein geschaffen – wenn auch in einer feineren Stofflichkeit? Seit ich im „Ikarus"-Kapitel die göttlichen Gerüste und Hilfskonstruktionen so gründlich demontiert habe, will mich die Frage nach der Wirklichkeit geistiger Wesenheiten nicht loslassen. Wenn es solche guten Geister – oder gar Hierarchien von ihnen – wirklich gibt, so muss es gerechterweise auch die andere Sorte geben: Die aus der Liebe gefallenen Dämonen? Und wie ist es mit diesen?

Da meldet sich eine alte Erfahrung zurück; ich verdanke sie meinen Freunden Bobby und Anne in Colorado: Anne ist ein Medium, das Durchsagen von Geistwesen empfängt und weitergibt; Bobby, ihr Mann, ist ein erdverbundener Heiler und Zimmermann. Neugierig nahm ich damals die Chance wahr, ein Medium während seiner Kommunikation mit einer anderen Bewusstseinsform zu beobachten; vielleicht könnte ich bei der Gelegenheit sogar etwas über mich selbst erfahren?

Im Verlaufe der abendlichen Sitzung ließ uns das geistige Wesen, dem Anne ihre Stimme verliehen hatte, einmal wissen, dass die Sitzung unbedingt beendet werden müsse, weil der im angebauten Haus lebende indianische Medizinmann die von ihm selbst kreierten Geister herüber schicke und diese die Verbindung störten.

Unter dem Eindruck dieser unerwarteten Wendung verbrachte ich die anschließende Nacht in heller Panik. Unzählige Geister schienen durch das Zimmer zu spuken, ja auch durch meinen Körper; wie ein ständiger Durchzug fühlte es sich an. Zähneklappernd lag ich in meinem Bett und vermochte kein Auge zu schließen. Als ich mich am Morgen völlig erschöpft bei Anne meldete, verwies sie mich an Bobby. *„Wenn es denn diese Wesen wirklich gibt"*, erklärte er, *„verfügen sie über keinerlei physische Kräfte; sie können Dir keine Gewalt antun. Sie wirken allein über jene Deiner emotionalen Prägungen, die ihrer Natur verwandt sind und die sie in Schwingung versetzen. So bestimmen sie – bist Du nicht aufmerksam – über die Resonanz Deiner Emotionen auch Dein Handeln. Die Verantwortung liegt bei Dir."*

Auch jetzt wieder, in Santa Margherita, dreht sich mein Verstand im Kopf; er ist frustriert und möchte präzisere Auskunft. Mein Herz aber versteht: Ob es Engel und Dämonen als eigenständige Wesen gibt oder nicht: Ich erlebe immer meine inneren Entsprechungen ihrer Impulse. Es hängt allein von meiner Achtsamkeit und Unterscheidungskraft ab, womit ich schwinge und gehe. Von einem guten – inneren oder äußeren – Geist geführt, bin ich in diese Kirche eingetreten; einem sanften Impuls vertrauend, nichts ahnend, nichts erwartend.

Und wieder fragt es: Was ist mit der Kraft, die ich eben jetzt in diesem Raum so intensiv erfahre? Auch diese Kirche – so purzelt es weiter in meinem Hirn – war im Anfang nicht mehr als die Vorstellung eines Einzelnen: Ein feinstoffliches, aus schöpferischer Begeisterung geschaffenes Gedankenbild. Um materielle Wirklichkeit zu werden, war die schöpferische Form auf ein empfängliches Umfeld angewiesen: Menschen, die sich von der Idee angezogen fühlten. Ihre Gemeinschaft vermochte schließlich das ganze, für den Bau der Kirche benötigte Spektrum an Kompetenzen zu mobilisieren und zu vereinigen: Von der Finanzierung bis zum letzten Farbtupfer.

Ist es die beseelte, noch immer durch die vollendeten Mauern wirkende Gedankenform, die mich berührt, oder das in der Materie verborgene Licht des Urgrundes – oder alles in Einem? – Fast bin ich erleichtert, dass ich die äußere Schönheit der Architektur oder

Ausstattung als Grund der Erfahrung ausschließen kann; der neugotische Bau aus dem 19. Jahrhundert gehört nicht zu den außerordentlichen Kunstdenkmälern, deren Ästhetik das Herz berührt.

Im Weitergehen durch die mit hohen, dunkeln Zypressen umsäumte Allee lässt mich das Fragen nicht los, bis ich mich schließlich auf einen Stein setze und wieder mein Schreibzeug hervorkrame: Das Phänomen des beseelten Bauwerks kann sich doch unmöglich auf Kirchen und Tempel beschränken; erst recht in der heutigen Zeit. Schaffen wir nicht überall, wo aus der Begeisterung des Herzens gebaut wird – ob an einer Musikbewegung oder einem wirtschaftlichen Unternehmen – „heilige" Werke? Und der Effekt des Wiedererkennens der heiligen Essenz – das große Wort entspringt jetzt meinen schreibenden Fingern ohne jegliches Zögern – ist uns aus unzähligen Alltagserfahrungen vertraut. Wir machen diese Erfahrungen immer wieder und entziehen ihnen die Kraft, indem wir die Wirkung ausschließlich der äußeren Gestalt zuschreiben. Obwohl nur die Resonanz von Herz zu Herz uns so unmittelbar berühren kann: Das Mitschwingen des „Heiligen" in uns selbst.

So bin ich wieder bei meinem Schreiben, und widme mich dem jetzt anstehenden, neuen Blick auf die Welt.

Blick aufs Ganze

Wo finde ich denn nur eine Spur von dem heiligen Licht in den schlechten Nachrichten, denen ich mich täglich ausgesetzt sehe: Im Internet, in den Tageszeitungen, im Fernsehen? Es ist so viel und wiegt so schwer.

Die Stimme, die jetzt in mir laut wird, ist hell und frisch, so frisch wie eine neu aufschäumende Bewusstseinswelle: Wie könnten wir denn etwas verändern wollen, wenn wir nichts von den Missständen wüssten? So prasseln sie ständig auf uns ein und zeigen auf den Handlungsbedarf. Die Beobachtungs- und

Informationsnetze sind inzwischen so eng und so schnell geworden, dass wir – wenn wir es wissen wollen – innerhalb kürzester Zeit erfahren, wenn etwa ein Stammesführer in der Demokratischen Republik Kongo durch internationale Holzhändler hinters Licht geführt wird und er ihnen die Nutzung eines Waldes mit kostbaren, hohen Ertrag versprechenden Hölzern gegen das Versprechen eines Schulpavillons und ein paar Säcke Salz und Zucker überlässt.

Die Sensibilität der Öffentlichkeit ist enorm gewachsen und der Weg zum öffentlichen Gewissen ist kürzer geworden: Missbräuche aller Art gelangen durch die Medien schneller als je zuvor ins Bewusstsein der Menschheit.

Es finden sich auch immer schneller Menschen, die sich persönlich engagieren: Praktisch am Ort, durch Alarmierung der Öffentlichkeit, durch Einflussnahme auf Meinungsführer und Politiker – lokal, national und global. Das ist wichtig – und auch Zeichen des Wandels.

Neben viel Gleichgültigkeit und Uninteressiertheit gegenüber allen Fragen, die das eigene Wohlbefinden überschreiten, gibt es auch eine riesige Welle der Veränderungswilligen: Sie reicht von der kleinräumigsten Nachbarschaftshilfe bis zu den unzähligen, national und weltweit tätigen Nichtregierungsorganisationen: Greenpeace, WWF, Oxfam, Amnesty International, Transparency International, Tax Justice Network und wie sie alle heißen. Es gibt wohl kaum einen Sektor des öffentlichen Lebens, der nicht durch eine oder mehrere von ihnen erreicht wird.

Die Zivilgesellschaft ist derzeit die stärkste Kraft im Dienst des gemeinschaftlichen Wohlergehens, von der kleinsten Zelle bis zum globalen Organismus. Sie bildet das Gegenwicht zur Politik, die ihren Erfolgsausweis stets noch im wirtschaftlichen Wachstum sucht und sich dabei dem Einfluss der wirtschaftlich Mächtigen ausliefert.

Hier können wir uns mit einbringen und aktiv auf den kollektiven Bewusstseinswandel hinarbeiten; dort wo es in uns persönlich mitschwingt, sei es durch unsere Arbeitskraft oder durch die Förderung im finanziellen Bereich.

Natürlich gibt es auch die Gegenkräfte – und es wäre naiv, sie auszublenden: Jene, die sich sperren, weil sie Angst vor dem Neuen haben. Sie ahnen, dass Macht einen anderen Sinn bekommen und wohl auch geteilt werden will. Jene, die sich im Schlepptau der Mächtigen so bequem eingerichtet haben, dass sie sich gar nicht erst vorstellen mögen, wie ihre Gaben auch anders fruchtbar sein könnten. Und schließlich die von ihrem Schicksal Gebeutelten, die der Liebe, die sie so tief enttäuscht hat, die geballte Faust entgegenstrecken.

Dass nichts Macht grausamer werden lässt als die Angst, sie zu verlieren, gilt in umgekehrter Weise für die Ohnmacht: Je mehr sie anzuwachsen droht, umso verzweifelter schlägt sie zu. Auch das gehört zur Welt, wie sie sich vor uns manifestiert.

Es liegt an der wachen Ausrichtung unserer Wahrnehmung, wie wir auf das Geschehen Einfluss nehmen. Alle äußeren Erscheinungen sind ein Spiel von Hell und Dunkel, von Liebe und Angst. Auch im extremsten Dunkel treffen wir auf dessen lichten Kern, wenn wir hinter Angst und Not die verletzte Liebe in ihrem eingerollten Zustand zu erkennen vermögen.

Wo Licht ist, ist auch Schatten, und wo Schatten ist, auch Licht. In der Welt der Dualität wird es immer ein Tanz von beiden bleiben. Beide – Licht und Schatten – wirken auf uns nach dem Prinzip der Resonanz: Sie beleben unsere individuellen Prägungen. Wir verstärken das, worauf wir unsere Aufmerksamkeit richten, aber auch das, was wir ausschließen wollen. Erinnern Sie sich an die provozierende Meditationsanweisung, nur ja nicht an einen weißen Affen zu denken?

Wenn wir den Tanz mit dem Schatten wagen, wird er der Kraft unseres Herzens erliegen; denn es gibt den Einen Hintergrund, aus dem alles tanzt. Indem wir diesen Urgrund des Seins als die Quelle des eigenen Feuers wieder erkennen, verfügen wir über den Stoff, aus dem wir entweder selbst heilige Werke initiieren oder uns Menschen anschließen, die dafür bereits ein Zentrum bilden. Was immer wir aus dieser Wahrhaftigkeit gemeinsam mit anderen tun: Es werden „heilige" Bauwerke sein.

„Hier geht es um etwas, es geht um viel mehr als Philosophie", schrieb mir eben Sabine Lichtenfels, die Mitgründerin von Tamera, einer Gemeinschaft in Portugal, in ihrer aufrüttelnden Weise. – Ja, es geht um etwas: Darum nämlich, dass wir zu unserem Feuer stehen, den Tanz mit den Widerständen aufnehmen und uns daran machen, unser „Heiligstes" in der Welt zu verwirklichen.

Wenn Sie das „Heilige" irritiert: Ich finde kein anderes Wort, das für mich die brennende, alle Widerstände einschmelzende Liebe, die ich meine, mit mehr Strahlkraft vertritt. Es reicht aber durchaus, wenn wir – ganz schlicht – unsere tiefsten Anliegen wahrhaftig und mit ganzer Kraft verwirklichen!

4 Der globale Organismus braucht ein Bewusstsein

Bei allem wahrhaftigen eigenen Tun können wir die Augen nicht vor einer Reihe bedrückender Krisen verschließen, welche die Welt seit Jahren belasten, und die sich bis jetzt – trotz schreiender Not und weltweiter Aufmerksamkeit – allen Lösungsversuchen entzogen haben. Nicht dass sie an sich unlösbar wären; meine buddhistische Freundin, die niederländische Wirtschaftswissenschaftlerin Giok in Liem beruft sich gar auf einfache Hausfrauenlogik.[41] Trotzdem trägt die Situation alle Merkmale einer Sackgasse.

Denken wir zum Beispiel

- an den nahen Osten, wo sich der Kampf ums Erdöl vermischt mit dem nach 60 Jahren noch immer schwelenden Konflikt um das unglückliche Implantat des Staates Israel in eine nicht wohlgesinnte Umgebung.
- oder an den Genozid in Darfur; auch dieser überdacht vom Kampf ums Erdöl. Auf einem komplexen Hintergrund, zu dem auch ein klimageschädigter Lebensraum gehört, liefern sich zwei Ethnien einen Überlebenskampf von höchster Grausamkeit. Wirtschaftsinteressen verhindern ein Eingreifen der Weltöffentlichkeit.
- auch an den Klimawandel. Jetzt, da die möglichen wirtschaftlichen Konsequenzen unmissverständlich offen liegen, wird er nach und nach als globale Aufgabe verstanden. Der

---

[41] Siehe S. 83

dringliche Handlungsbedarf für Sofortmaßnahmen ebenso wie für die Planung der mittelfristigen Energieversorgung ist weitgehend erkannt. Die Kosten einer globalen Umstellung auf CO_2-neutrale Energieproduktion sind jedoch immens. Die ärmsten Nationen werden zuerst und am stärksten von den direkten Folgen der Klimaveränderung betroffen sein; sie werden schon die notwendigsten Abwehrmaßnahmen nicht aus eigener Kraft finanzieren können. Es ist abzusehen, dass sie jene Länder zur Kasse bitten werden, die durch ihren rücksichtslosen Energie- und Umweltverbrauch reich geworden sind, während sie dessen negative Auswirkungen erleben. Auch aufstrebende Industrieländer wie China, Indien und Brasilien rechnen den reichen Ländern ihren Umweltverbrauch seit Beginn der Industrialisierung vor und verlangen eine entsprechende Kompensation, um ihr wirtschaftliches Wachstum weiter fortsetzen zu können. Die Situation ruft nach globaler Kooperation; sonst steht der Welt eine weitere Spirale von Hass, Terrorismus und Krieg bevor.

- auch an die Agrarsubventionen in den reichen Ländern. Diese sind verantwortlich für die Schwemme billiger Exportüberschüsse, welche die Chancen der Armen, sich durch den Handel mit den landwirtschaftlichen Produkten des eigenen Landes selbst zu helfen, bereits im Ansatz zerstören. Der gleichzeitige Druck auf die noch wenig entwickelten Volkswirtschaften, ihre verletzlichen Binnenmärkte für die Exporte der Reichen zu öffnen, wirkt in diesem Kontext erpresserisch. Der WTO als multilateralem Verhandlungsforum fehlt die Kompetenz zur globalen Konfliktlösung.
- last but not least, an die fantasievoll gepflegte Praxis der Steuerflucht. Sie ermöglicht Personen und Unternehmen, ihre Einkommen und Vermögen der Besteuerung durch jene Staaten zu entziehen, deren Infrastruktur sie ihre Wert-

schöpfung und ihre Lebensqualität verdanken. Die Länder der EU zeigen auf die Schweiz als nicht solidarische Profiteurin zahlreicher Vorteile, die ihr die Gemeinschaft bietet; die Schweiz wiederum zeigt auf die karibischen, arabischen und asiatischen Steuerparadiese. Der globale Wettbewerb um die Besteuerung der Reichsten setzt den Grundsatz außer Kraft, wonach jeder, nach Maßgabe seiner Möglichkeiten, zur Finanzierung der gemeinschaftlichen Aufgaben beitrage. Dass die Schere zwischen Arm und Reich sich durch derartige Ungerechtigkeiten ständig weiter öffnet, kann nicht im Interesse des Weltfriedens sein.

Die Sackgasse weist den Weg

Sackgassen bergen immer auch ein hohes kreatives Potenzial in sich; indem sie das Bewusstsein für die Dringlichkeit neuer Lösungen schärfen, oder, gerade durch ihre Ausweglosigkeit, den befreienden Sprung ins Neue auslösen. Auch das viel benutzte Zitat Albert Einsteins, wonach Probleme nicht mit dem Bewusstsein gelöst werden können, das sie geschaffen hat, passt hierher.

Im Gegensatz dazu führt die verbreitete Resignation vor der menschlichen Natur – vor dem Tier in uns – und vor der dementsprechend illusionären Freiheit menschlichen Handelns, nicht weiter; auch wenn sich dafür mit Hormonausschüttungen, neurologischen Reaktionen und genetischen Dispositionen trefflich argumentieren lässt. Das Sichtfeld bleibt weiterhin durch die selbst gewählten Scheuklappen begrenzt: Auf die Maximierung des eigenen Nutzens.

Meine Überzeugung, dass in jedem Menschen das Potenzial zu einer neuen Freiheit von den inneren Zwängen schlummere, habe ich ausführlich dargelegt. Die Zahl der Menschen, welche diese Möglichkeit entdecken und leben, wächst beständig. Die ganz großen der gegenwärtigen Krisen übersteigen jedoch die persönliche Ebene und auch diejenige der Nationalstaaten. Sie rufen nach einer Lösungsfindung in der globalen Dimension und fordern die Menschheit zum dafür notwendigen kollektiven Bewusstseinssprung heraus.

Betrachten wir die globale Gemeinschaft als umfassenden Organismus, sehen wir verschiedene seiner Teile, die sich mit unvereinbaren Interessen gegenüberstehen. So lange sie alle – dem gängigen Erfolgskanon entsprechend – soviel wie möglich für sich nehmen und so wenig als möglich geben wollen, blockieren sie sich gegenseitig. Der Weg des multilateralen Verhandelns ist für die uns bedrängenden globalen Krisen nicht geeignet. Auch beim Aussitzen blockierter Verhandlungen gewinnen meist diejenigen, die sich das Warten am besten leisten können; auf Seiten der Schwächeren bleibt das Gefühl zurück, ungerecht behandelt worden zu sein.

Die globale Gemeinschaft braucht – nicht anders als der bewusste Mensch – ein Reflexionsorgan, das Entscheidungen aus einer umfassenderen Wahrnehmung herbeiführt. Seine Glaubwürdigkeit beruht allein auf den Menschen, aus denen es sich zusammensetzt: Menschen, welche die Vielfalt der Kulturen und die unterschiedlichen Lebensumstände mit hoher Integrität repräsentieren, die ihre Funktion als Treuhänder und in ausschließlicher Verantwortung gegenüber der globalen Gemeinschaft ausüben; basierend auf einer Rahmenordnung, die sich die Weltgemeinschaft selbst gegeben hat.

Wie ich mir ein Wirken aus dieser globalen Perspektive vorstelle oder – besser – es erahne, will ich in den folgenden Abschnitten erläutern.

Konflikte lösen: Mitleid und Mitgefühl – und wozu sie gut sind

Mitleid ist emotionale Teilnahme am Leiden anderer: Die Teilnehmenden leiden mit den Opfern. Dass dabei wahrgenommenes Leiden und eigene Prägungen von Schmerz und Schuld ineinander aufgehen, ist unvermeidlich. Die Identifikation des Mitleidenden mit den Opfern und die Parteinahme für sie liegt nahe. Deshalb vermögen Mitleid und alle aus ihm schöpfenden Kategorien persönlicher Betroffenheit – bei aller Wertschätzung für die Qualität dieser Gefühle – in Konfliktsituationen meist keine den Frieden fördernde Rolle zu spielen.

Mitgefühl kommt aus einer umfassenderen Ebene; es nährt sich aus unbedingter Liebe. Eine Liebe, die nichts ausschließt, weder das Leid der am Konflikt Beteiligten noch die Wahrnehmung der Zusammenhänge in einem breiten Kontext, frei von Schuldzuweisungen und Eigeninteressen. Aus der Sicht des Mitgefühls wird die Natur jedes Konflikts durchschaubar: Die gegenwärtige Verstrickung offenbart sich als eine lebendige und vielschichtige Struktur. Sie repräsentiert die gegenwärtig wirksame Essenz der Vergangenheit und weist zugleich auf die Lösung hin.

Diese Betrachtungsweise aus der Ebene des Mitgefühls gehört zum guten Handwerk der Konfliktlösung. In Auseinandersetzungen zwischen Zivilparteien tritt sie in Form der Mediation mehr und mehr an die Stelle gerichtlicher Auseinandersetzungen. Gute Konfliktbegleiter öffnen die Augen der Beteiligten für die blockierten Potenziale, die sie gemeinsam und zugunsten aller befreien können, und lassen sie die Schritte dazu finden.

Als die UNO 1948 grünes Licht für die Gründung des Staates Israel gab, stand die Weltöffentlichkeit unter dem Schock des Zweiten Weltkriegs und der grausamen Vernichtung von Millionen Unschuldiger vor ihren Augen. Die ungeheure Bösartigkeit und Brutalität, zu denen Menschen fähig sind, haben die

Menschheit erschüttert und sowohl Mitleid mit den Opfern als auch Schuldgefühle ausgelöst: Latente Schuldgefühle, auch bei Menschen, die – weit entfernt von direkter oder indirekter Täterschaft – sich fragten, wie weit sie, allein schon durch ihre Zeitgenossenschaft, eine Verantwortung mit zu tragen hätten.

Diese emotionale Verfassung der Weltöffentlichkeit hat bei der Gründung des Staates Israel Pate gestanden. Das herrschende Mitleid galt vorab dem geplagten Volk der Juden. Der verengenden Sicht des Mitleids entsprechend, wurde die voraussehbare Wirkung dieses Entscheides auf die arabische Welt ausgeblendet. Mitgefühl hätte, da aus einer umfassenderen Perspektive wahrnehmend, die abzusehenden Konsequenzen der Schaffung eines neuen Staates, inmitten eines dafür nicht wohlgesinnten Umfelds, mit bedacht. Welcher Chirurg würde heute ein Organ implantieren, ohne den Abwehrreaktionen des empfangenden Körpers Rechnung zu tragen?

Doch die Implantation des Staates Israel in das arabische Umfeld entsprach der Logik der damaligen Bewusstseinsverfassung: Mit bestem Willen um Gerechtigkeit und Rationalität bemüht; in Wirklichkeit aber durch verdrängte Emotionalität und Parteilichkeit geprägt. Es bedeutet deshalb keinen Vorwurf an die damals bestimmenden Mächte, wenn wir im jetzigen Scherbenhaufen der Nahostpolitik die fatale Wirkung der damals verdrängten Emotionen sehen. Sie sind bei der Staatsgründung mit implantiert worden und nähren den Konflikt seither. Der Irak-Krieg, die Iran-Krise, die Verhältnisse in Saudi-Arabien, der Aufruhr des militanten Islam gegen den Westen: Sie alle stehen in Verbindung mit der bis heute nicht geglückten Integration Israels in seine Region. Die Krise hat ein globales Ausmaß erreicht und ist damit wieder auf der Ebene angelangt, wo sie geschaffen wurde – und wo sie auch ihre Lösung finden muss.

Einstein lässt grüssen: Konflikte können nicht (allein) von denen gelöst werden, die sie geschaffen haben

Krisen können nur aus einer umfassenderen Perspektive gelöst werden als sie den am Konflikt direkt oder indirekt Beteiligten möglich ist: Aus einer mitfühlenden Wahrnehmung, die – frei von Schuldzuweisungen – die Tiefenstruktur der Verstrickung und die damit verflochtenen Interessen durchschaut. Der Scherbenhaufen darf nicht eher weggeräumt werden, als die Wege zur Neubestellung des an seiner Stelle frei werdenden Bodens erkannt sind.

Die Kunst wird sein, die beteiligten Parteien zur Einsicht zu führen, dass es für sie neue Wege zu entdecken gibt, die ihnen – über die Erlösung vom derzeitigen Leiden hinaus – noch weit mehr versprechen: Die Freiheit zur Gestaltung der eigenen Gegenwart ihres ureigensten Potenzials für eine erfüllende Existenz. Ein kleiner Evolutionsschritt wäre das, nach dessen Vollzug sich die bisher konkurrierenden Holons in einem umfassenderen und daher lebenswürdigeren Ganzen wieder finden. Für diesen Sprung bereit zu sein, verlangt von allen Beteiligten die schmerzvolle Einsicht, dass nachher nichts so sein wird, wie es vorher war: Festhalten am Vergangenen hindert das Neue an seiner Entfaltung.

Der Sprung ins Neue ist auch nicht möglich, bevor die Wunden der Vergangenheit gesehen, gewürdigt und geheilt sind. Sonst werden sie das Neue aus dem Schatten heraus torpedieren. Vielleicht gibt es dazu globale Heilungsrituale zu entdecken? Noch unbewusste Ansätze haben wir möglicherweise erlebt: In den weltweiten Wogen der Betroffenheit nach dem Tod der englischen Prinzessin Diana, nach dem Ausbruch des Irak-Krieges oder nach dem verheerenden Tsunami am zweiten Weihnachtstag des Jahres 2004. Wo sind die Menschen, die in der Lage wären, derartige Impulse geistesgegenwärtig und verantwortungsvoll aufzunehmen und sie in eine heilende Gestalt globaler Dimension zu führen? Waren Elton John – mit „Candle in the Wind"[42] – oder Paolo Coelho und andere – mit ihren eindrücklichen Manifesten zum Irak-Krieg – Vorboten globaler Heilungsimpulse; auch wenn sie damals noch nicht über den emotionalen Bereich hinaus gelangt sein mögen?

Konflikte müssen reifen: Die Kunst aktiven Nicht-Tuns

Ob die Situation im Nahen Osten für eine Lösung jenseits des Multilateralismus reif wäre, vermag ich nicht zu beurteilen. Unter den Politikern, die sich bis jetzt um Friedenslösungen bemüht haben, erkenne ich noch nicht die von Eigeninteressen und von Gefühlen der Parteinahme freien Persönlichkeiten, die es für die Begleitung dieses globalen Bewusstseinsprozesses bräuchte. Doch gibt es Augenblicke in der Geschichte wie den gewaltlosen Fall der Berliner Mauer, wo unerwartet und augenblicklich alle Voraussetzungen zu stimmen scheinen. Dann sind unvermittelt auch jene Menschen da, die dem latenten Feuer der gemeinschaftlichen Begeisterung als Zentrum dienen und dessen Fokus auf das Neue ausrichten, das sich eben manifestieren will.

Untauglich sind alle Versuche, den Parteien Lösungen wider ihre eigene Einsicht aufzuzwingen. Frieden zwischen Schiiten und Sunniten oder zwischen Hamas und Fatah lässt sich ebenso wenig befehlen wie die Bereitschaft afghanischer Stammesfürsten zur Mitwirkung in einer nationalen Demokratie oder das konstruktive Nebeneinander zweier Staaten im israelisch-palästinensischen Konflikt. Keine äußeren Eingriffe können die Reifungsprozesse ersetzen, welche alle Beteiligten zu durchlaufen haben.

---

[42] Elton John: *Candle in the Wind.* Lieblingssong Dianas, mit der unerreichten Auflage von 37 Millionen Singles

Die Begleitung derartiger Reifungsprozesse aus globaler Perspektive stellt hohe Ansprüche an die mit dieser Aufgabe Betrauten wie auch an die Weltöffentlichkeit. Die Wahrnehmung aller möglichen Umwege und Verirrungen samt den damit verbundenen Leiden setzt Bereitschaft und Fähigkeit zu unerschöpflichem Mitgefühl voraus; wissend, dass Mitleid und Parteinahme die Not lediglich verlängern.

Wirkungsvoller als alle gut gemeinten Hilfeleistungen wäre ohnehin ein aktives Nicht-Tun, nämlich die Beendigung aller Aktivitäten, die den Konflikten weiterhin Nahrung zuführen. Betroffen wären Waffenlieferungen in Krieg führende Regionen und an Regierungen, welche die Menschenrechte missachten, sowie Entwicklungsgelder und andere Finanzhilfen, die an korrupten Händen hängen bleiben. Konsequenterweise beträfe dies alle Handels- und Finanzbeziehungen, durch die sich korrupte Machthaber und ihre Vasallen – zulasten einer Not leidenden Bevölkerung – an den Reichtümern ihres Landes persönlich bereichern. Noch will eine Mehrheit der Menschen in den reichen Ländern diese Verflechtung in Unrecht und Elend nicht zur Kenntnis nehmen und schon gar nicht auf den daraus resultierenden Komfort verzichten. Den Blick der Weltöffentlichkeit auf diese Zusammenhänge zu lenken und vernehmlich darauf zu reagieren, gehört zu den wichtigsten Beiträgen verantwortlicher Weltbürger im Rahmen der globalen Zivilgesellschaft.

Auch für das leider noch imaginäre Reflexions- und Leitungsorgan der globalen Gemeinschaft bedeutete die konsequente Isolierung der Konfliktherde von den sie speisenden Energien eine enorme Herausforderung: Es müsste ihm nicht nur gelingen, die Kräfte einer auf freiwilliger Teilnahme beruhenden Weltgemeinschaft so zu bündeln, dass alle Mitgliedstaaten die entsprechenden Maßnahmen mittragen und die damit verbundenen wirtschaftlichen Einbußen auf sich nehmen. Nicht minder wichtig wäre die Linderung der Not jener Bevölkerungen, welche unter restriktiven Maßnahmen gegenüber ihren Regierungen noch vermehrt zu leiden hätten, durch gezielte Hilfsaktionen.

Die innere Perspektive der Weltgemeinschaft

Die komplexe Rolle eines Reflexions- und Leitungsorgans der globalen Gemeinschaft, wie ich sie durch die Beleuchtung einzelner ihrer Aspekte zu skizzieren versucht habe, setzt nach meinem Empfinden ein fest gegründetes Selbstverständnis voraus. Ich stelle mir vor, dass es in seinen Grundzügen der Lebensorientierung des verantwortlichen Weltbürgers entspricht; einfach übersetzt in die größere Dimension.

Am Anfang steht das Wissen um den gemeinsamen Urgrund allen Seins und um die unbedingte Liebe und die unendliche Weisheit, die sich aus ihm nähren. Aus der inneren Aufgehobenheit in diesen Dreien schöpft der Einzelne wie das Organ des globalen Bewusstseins die Kraft zur Unabhängigkeit von äußerer Zustimmung oder Ablehnung: Richtiges Handeln – frei vom Begehren nach dessen Früchten – aus dem wissenden Herzen.

Noch einmal steigt die Erinnerung an die im ersten Buchteil beschriebene Pilatus-Erfahrung in mir auf: *Wieder stehe ich neben Jesus. Wieder ruft die aufgebrachte Masse nach seiner Kreuzigung, und ich gebe nach, liefere ihn aus. Auch die schwarze Trauer ist wieder da.* Noch einmal die Frage: *Wie oft habe ich – Hans – die unbedingte Liebe, mein Liebstes, verraten? Immer wieder: Aus Angst, die Erwartungen meines Umfeldes zu enttäuschen und seine Zuneigung zu verlieren.* Und jetzt, während des Schreibens: *Wie hoch ist doch die Anforderung an Politiker und Meinungsführer, unbeirrt von äußeren Lockungen und Drohungen der Stimme des Herzens zu folgen?*

Wie die unbedingte Liebe die inneren Ungeheuer – die Schattengestalten im Unbewussten der Einzelnen – zu zähmen vermag und sie als Verbündete gewinnt, geht es im globalen

Kontext um die unbedingte Annahme, Wandlung und Integration der in der Menschheit wirkenden Facetten des kollektiven Unbewussten.

Die Vielfalt der Kulturen: Reichtum der Weltgemeinschaft

Wie für den einzelnen Menschen gilt es, die ganze Spannweite mit einzubeziehen: Die evolutionäre Vorgeschichte des Homo Sapiens, seine Entfaltung aus dem gemeinsamen Ursprung im Osten Afrikas bis in die Vielfalt der Kulturen und Religionen der Gegenwart. Dies nicht als intellektuelle oder imaginäre Übung, sondern als begeisterten Tanz mit dem Wunder des Menschseins auf dieser Erde.

Der Entfaltung aller Kulturen aus dem einen Ursprung liegt kein einheitlicher Zeitplan zugrunde. Dem entspricht die Unterschiedlichkeit der Bewusstseinsebenen, welche die einzelnen Kulturen oder Ethnien dominieren und die ihr gesamtes Fühlen, Denken und Handeln prägen. Die Entfaltung des Bewusstseins lässt sich anhand von Entwicklungslinien verschiedener Fähigkeiten verfolgen, die einen Menschen oder eine Gesellschaft charakterisieren[43]. Richten wir unsere Betrachtung auf die Entfaltungslinie des Mitgefühls im Zuge der sozialen Evolution, treffen wir in der Frühzeit der Menschheit auf Sippen und Stammesgesellschaften. Ihr Mitgefühl gilt primär dem eigenen Kreis: Die anderen sind fremd oder gar potenzielle Feinde. Mit den Entwicklungsformen der Gesellschaft erweitert sich die Fähigkeit zum Mitgefühl: Je nachdem vermag es, die eigene Ethnie, die Nation, den Kontinent, aber auch die Hautfarbe oder Rasse mit

---

[43] Ken Wilber, der die Evolution des Bewusstseins so detailliert kartographiert hat wie kein anderer, spricht von einer großen Zahl von sich nicht unbedingt synchron entfaltenden Entwicklungslinien, die einen Menschen oder eine Gesellschaft charakterisieren. Besonders prägend sind die Fähigkeiten zu Erkenntnis, gesellschaftlicher Verantwortung, Beziehung, Mitgefühl, Emotionalität.
Wilber, Ken: *Integrale Psychologie*, Freiburg 2001

einzuschließen, und schließlich – als Ausdruck des globalen Bewusstseins – die ganze Menschheit samt ihrer Lebenssphäre. Dementsprechend finden sich in der globalen Vielfalt der Kulturen und Gesellschaften gleichzeitig Vertreter aller Entwicklungsphasen des sozialen Bewusstseins; eine jede jeweils umfassender und differenzierter als die ihr vorangegangenen.

Globale Wahrnehmung bedeutet nicht nur, diese Vielfalt der Kulturen und der sie dominierenden Entfaltungsgrade des Bewusstseins zu akzeptieren, sondern auch für jede von ihnen die entsprechende Sprache zu finden. Nicht minder wichtig ist das Verständnis für die Evolution des Bewusstseins als Prozess der Reifung von einer Phase in die jeweils nächst umfassendere: Ein nicht-linearer, auf Erfahrung und Erkenntnis beruhender Vorgang, der weder auf Anordnung noch durch Drohung in Gang gesetzt oder beschleunigt werden kann. Noch weniger scheint es möglich zu sein, Ebenen zu überspringen. Wie die Beispiele in Afghanistan und im Irak zeigen, müssen Stammesgesellschaften, um sich in einer Nation zu vereinen, den Zusammenhalt und das Funktionieren als nationale Gemeinschaft erst unter einer starken integrativen Führung erlernen, bis in einer nächsten Phase der eigene Wille zur Ausgestaltung einer pluralistischen Demokratie erwacht und sich in der äußeren Form durchsetzt.

Selbstverständlich gibt es in allen Kulturen einzelne Menschen, deren Visionen über die Konventionen der eigenen Gesellschaft hinausreichen und die bereits verstehen, dass das Wohlergehen des Einzelnen, seines Stammes oder seiner Nation vom Wohlergehen der globalen Gemeinschaft abhängt. Diese Menschen sind die idealen Katalysatoren des Bewusstseinswandels, wenn sie die globale Vision in die Sprache ihrer Kultur zu übersetzen vermögen und so den Prozess der Bewusstseinserweiterung auf die globale Dimension hin unterstützen. Die Vision der Einen Erde ist im innersten Wissen aller Kulturen bereits vorhanden; sie wartet lediglich darauf, wiederentdeckt und in der Sprache unserer Zeit wiederbelebt zu werden.

In allen Gesellschaften, in den urtümlichsten wie in den differenziertesten, finden sich Menschen aller individuellen Ausprägungen von den Ich- bis zu den Weltbezogenen. Dies gilt, weil alle ihr Leben im Mutterleib beginnen und die gleichen Phasen der Entdeckung der eigenen Körperlichkeit, der eigenen Emotionalität, des eigenen Willens und des unabhängigen Denkvermögens durchlaufen; und weil individuelle Lebensumstände und Veranlagungen die Entfaltung begünstigen, hemmen oder blockieren können.

Wenn kleine Gemeinschaften an Lebenskraft und Zusammenhalt gewinnen, indem sie die einzelnen Menschen in ihrer Einzigartigkeit zu integrieren vermögen, gilt dies auch für die große Gemeinschaft: Es ist eine der grundlegendsten Aufgaben des globalen Reflexions- und Leitungsorgans, die Vielfalt und Verschiedenheit der Gesellschaften und Kulturen so anzunehmen, dass sie alle die Wertschätzung ihrer Einzigartigkeit erfahren. Je besser dies gelingt, umso reicher und fruchtbarer wird die Kooperation zum Wohle des Ganzen.

Männliche Liebe: Unerbittliches Mitgefühl

Nicht minder wichtig als die Fähigkeit der weiblichen, die Vielfalt der Erscheinungen nährenden Liebe, ist die Präsenz des männlichen Liebesaspekts. Er ist unentbehrlich, wenn es gilt, die Einhaltung gemeinschaftlicher Grundsätze einzufordern und diese nötigenfalls auch durchzusetzen. Die Fähigkeit männlicher Liebe, Oberflächliches mit dem geschärften Diamanten des Herzens bis hinunter auf das Wesentliche zu durchschneiden, gehört ebenso dazu, wie Grenzen zu setzen, wo immer die Macht der unbedingten Liebe nicht verstanden wird; im allerletzten Notfall auch mit Gewalt. Entsprechend der Belehrung des göttlichen Krishna an den Feldherrn Arjuna: Aus der Notwendigkeit des Herzens, ohne Anhaftung an einen persönlichen Nutzen.

Dem Unterscheiden und Grenzen setzen als eine differenzierte Kultur (unbedingter) männlicher Liebe steht eine weitere hohe Kunst gegenüber: Einzelne Ganze – Holons – in umfassenderen Einheiten zu vereinigen. Nicht durch ein Einschmelzen der Verschiedenheit in einen beliebigen Einheitsbrei, sondern, im Gegenteil, zur Kooperation in einer differenzierteren und deshalb lebensfähigeren Gemeinschaft. Nur als Vereinigung von Einzigartigkeiten wird das umfassendere Holon zu mehr als der Summe seiner Teile.

Die globale Gemeinschaft ist das größte Ganze, dessen Ausgestaltung wir uns derzeit zu widmen vermögen: Ein noch weitgehend leerer Raum des Bewusstseins, der bewohnt und belebt sein will. Mit Hilfe von Potenzialen und Qualitäten, die noch der Entdeckung harren.

Die UNO: Vorahnung des Neuen

Dass sich die globale Dimension im kollektiven Bewusstsein vorbereitet, lässt sich auch daran ablesen, dass es eine UNO gibt und die Staatengemeinschaft trotz aller Kritik und angesichts tatsächlicher Begrenzungen und Unzulänglichkeiten an ihr festhält. Denn ohne UNO wäre die Welt zweifellos eine weniger gute.

Die Verdienste der UNO sind mannigfaltig und die Bilanz ihres Wirkens ist eindrücklicher, als viele Kritiker es wahrhaben wollen. Sie ist nicht nur ein unverzichtbares Forum für das internationale Gespräch, das immer wieder die Eskalation von Konflikten verhindert hat. Ihre zahlreichen Organe haben für mehr Gerechtigkeit, bessere Ernährung, Gesundheit und Bildung gesorgt und wesentlich zur Verminderung der Armut beigetragen.

Trotzdem bleiben wichtige Verhandlungen auf der multilateralen Gesprächsebene stecken; denn die Mitglieder ihres einflussreichsten Organs – des Sicherheitsrats – sind Vertreter nationaler Interessen. Die Mächtigsten unter ihnen können unliebsame

Entscheidungen dank ihres Vetorechts verhindern. Abstimmungen innerhalb des Sicherheitsrates sind durch Blockbildungen geprägt, die oft auf Abhängigkeiten beruhen, die mit der zu entscheidenden Sache nichts zu tun haben.

Die UNO ist (noch) weit entfernt von der Freiheit eines globalen Bewusstseinsorgans, das Entscheidungen aus einer umfassenden Sicht herbeizuführen vermag: Unbeeinflusst von Eigeninteressen, einzig dem Wohl der globalen Gemeinschaft verpflichtet.

Globale Ordnung: Grenzen und ihre Durchsetzung

Da gemäß der geltenden UNO-Charta die Souveränität jedes Staates unantastbar bleibt, verfügt die UNO, beispielsweise im Falle eines Genozids, über keine Rechtsbasis für einen Eingriff. Wenn nicht gerade der seltene Fall vorliegt, dass alle Großmächte zum Einschreiten bereit sind, steht die Welt immer noch vor der traurigen Alternative: entweder rechtmäßig wegzuschauen oder rechtswidrig eine gefährliche Eskalation zu riskieren.[44]

Die globale Gemeinschaft ist auf eine globale Rechtsordnung angewiesen, ebenso wie auf die notwendigen Mittel zur Überwachung und Durchsetzung. Eine derartige Rahmenordnung wäre durch die Mitglieder der Staatengemeinschaft zu gestalten; zumal ihre Verbindlichkeit die Souveränität der einzelnen Mitgliedstaaten und ihrer regionalen Zusammenschlüsse einschränkt und die nachgeordnete (subsidiäre) nationale Gesetzgebung prägt. Diese Rechtsordnung hätte die global wirksamen Aspekte aller Lebensbereiche der globalen Familie zu erfassen: Menschenrechte, Ernährung, Gesundheit, Umwelt, Bildung, sozialer Ausgleich, Wirtschaft, Finanzen, Energie, Verkehr; immer in

---

[44] Tönnies, Sibylle: *Wegschauen – oder gefährliche Eskalation riskieren?*, Neue Zürcher Zeitung 16.4.2007

subsidiärer Weise, d.h. den nachfolgenden Organismen optimale Gestaltungsfreiheit gewährend.

Die Freiwilligkeit der Teilnahme an der Weltgemeinschaft und ihre Offenheit für jeden Staat, der die gemeinsame Rahmenordnung annimmt und respektiert, sehe ich als wesentliche Voraussetzung. Wer am Nutzen der Gemeinschaft teilhaben will, muss ihre Ziele und ihre Rahmenordnung ganz mittragen. Bilaterale Lösungen à la Carte, wie sie z. B. zwischen der EU und der Schweiz existieren, widersprechen grundsätzlich dem gemeinschaftlichen Geist.

5 Ein Tsunami von Liebe und Weisheit?

An der alleinigen Ausrichtung eines globalen Bewusstseinsorgans am Wohl der Weltgemeinschaft und an der unerlässlichen Einschränkung der Souveränität ihrer Mitglieder – wo immer es um das gemeinschaftliche Wohl geht – stoßen die Spuren zum Neuen an ihre derzeitigen Grenzen. Obwohl sich der Druck dahin immer manifester aufbaut und auch wahrgenommen wird, scheint die Welt für den Übergang in die Dimension des globalen Bewusstseins (noch) nicht reif. Trotz aller Krisen wirken die Hoffnungen auf Durchbrüche technologischer Art und Verhandlungslösungen nach dem Sinn der Mächtigen noch immer attraktiver als der Sprung ins Neue.

Noch fehlen auch die politischen Verantwortungsträger, die das Potenzial der globalen Gemeinschaft für ein besseres Zusammenleben auf diesem Planeten erkennen und deshalb alte Gedankenformen wie die Unantastbarkeit der nationalen Souveränität zurücklassen und die Bevölkerung für das Neue begeistern können.

Gleichzeitig dürfen wir die Augen nicht vor der Tatsache verschließen, dass auf diesem Planeten auch Stammesgesellschaften und ethnische Gruppen leben, die noch nicht einmal bereit sind, eine nationalstaatliche Autorität anzuerkennen, geschweige denn, zu ihrem nationalen Wohl zu kooperieren. Sie werden ihren eigenen Weg der Bewusstseinsentfaltung gehen. Ob diese Entwicklung gewaltlos geschehen kann oder die ganze Welt in den Strudel der Gewalt zu ziehen vermag, wird nicht nur, aber auch von der Reife der Weltgemeinschaft abhängen.

Natürlich sind die möglichen Einwendungen gegen die Vision einer strukturierten und gelebten globalen Gemeinschaft unbegrenzt; vor allem auch, wenn im Blick zurück all die früheren Ansätze angeführt werden, die im Misslingen endeten.

Was ich dagegenhalten kann, ist – je nach Sichtweise – wenig und viel zugleich: Das Vertrauen in die Intelligenz der Evolution und die Kraft ihres Sogs sowie die ganz normale Vernünftigkeit der Idee einer bewussten globalen Kooperation. In vielen Menschen brennt ein Feuer der Begeisterung für die Vision und die Gestaltungsmöglichkeiten einer Einen Welt.

Wer es sehen will, wird auch an vielen Anzeichen erkennen, wie der evolutionäre Grundstrom seine Anziehungskraft auf die bestehenden Ansätze zu einer globalen Ordnung ausübt. Nicht alle Emanationen des Neuen sind von Erfolg gekrönt: Schließlich haben auch wir – jeder Mensch und jede Institution – im Trial-and-Error-Prozess laufen gelernt. Wenn denn die schmerzhafte Reibung der Gegensätze im Weltgeschehen Sinn hat: Was können wir uns darunter anderes vorstellen, als dass dies die Art und Weise sei, wie die globale Gemeinschaft dabei zum Wohle aller gehen lernt?

Es verbleibt der Zeitfaktor: Die Evolution verläuft nach ihrem eigenen Zeitplan. Sie nimmt unerwartete Wege, manchmal auch überraschende Sprünge. Die Sicht auf die derzeitige Weltsituation vermag die optimistischen Gedankengänge zu dämpfen. Die Möglichkeit ist ja auch nicht von der Hand zu weisen, dass uns noch verheerendere Gewaltexzesse und Zusammenbrüche von Systemen und Ordnungen bevorstehen könnten, als wir sie uns auszudenken vermögen. Wir wissen es nicht. Doch besteht in jedem Augenblick auch das Potenzial für einen Quantensprung des kollektiven Bewusstseins; auch dieser wohl ganz anders, als wir ihn zu ahnen vermögen.

So können wir uns nur wünschen, dass der gegenwärtige Ast der menschlichen Evolution nicht ganz abbrechen möge. Die

Natur und erst recht die Evolution kämen damit allerdings problemlos zurecht: Für Äste, die abbrechen, wachsen – solange der Baum noch lebt – andere nach. Das hat die bisherige Geschichte der Evolution gezeigt.

Aber schade wäre es doch um die Schönheit und das Glück, die wir auf diesem wunderbaren Planeten erleben können! Dafür, dass dieses Glück für immer mehr Menschen gelte, wie auch für die uns folgenden Generationen, mag ich mich mit meinen ganzen Kräften einsetzen. Und ich weiß es: Zusammen mit vielen anderen, jeder nach seinen Begabungen, im Kleinen wie im Großen.

Bei der Rückschau auf diese Seiten und beim Gespräch mit engagierten Zeitgenossinnen fällt mir auf, wie viele Menschen mit innerem Feuer in unzähligen Projekten zum Wohle anderer engagiert sind. Sie alle bringen auf ihre Weise das Solidaritätsgefühl zum Ausdruck, das allein die Bedenken und Abgrenzungen auflösen kann, die uns von der Vision der großen Weltgemeinschaft trennen.

Es ist wohl nicht nur meine persönliche Ungeduld, die sagt, dass dieser Prozess als lineare Entwicklung – Schritt um Schritt – eher Jahrhunderte als Jahrzehnte dauern muss; auch wenn wir die Beschleunigung der Evolution mit einbeziehen, wie sie seit den ersten Verbindungen aus dem Wasserstoff zu komplexeren Molekülen ständig zugenommen hat.

Von einem Tsunami der Liebe und Weisheit, des Mitgefühls und der Solidarität träume ich, der – ähnlich dem Tsunami aus dem Meeresgrund – aus der Entladung einer Spannung im Urgrund des kollektiven Unbewussten herrührend, alles wegschwemmt, was die Menschheit an der globalen Gemeinschaft hindert.

Wer sonst als die Vielen, die alle ihre wertvollen Projekte im Auge haben, können diese Spannung aufbauen, indem sie sich im Gemeinsamen verbinden, ohne deshalb ihr Eigenes loszulassen. Aber um eine Umschichtung der Prioritäten ginge es schon:

Das gemeinsame Wohl ist es, auf dem die vielen Projekte am besten gedeihen. Es geht um die Vereinigung zum globalen Tsunami, der die Öffnung für das Neue schafft; still hat sich die Spannung im Meeresgrund aufgebaut, um eines Tages mit ungeheurer Kraft loszubrechen. Verbinden wir uns im Gemeinsamen! Und unterschätzen wir ob der einstweiligen Stille nicht die Kraft, die sich dabei aufbaut!

Noch einmal bin ich vor meinem Abschied bei Santa Margherita auf dem Hügel über Cortona eingekehrt. Zum Ausgleich für die geschenkten Impulse wollte ich einige Funken von Dankbarkeit hinterlassen. Wie ich mich in einer der hinteren Bänke setze, wird mein Blick vom Lettner angezogen, der das Kirchenschiff vom Sternenhimmel über dem Altar trennt: Christus sitzt in seiner Gloriole, der Welt zugewandt, umgeben von zwei Gruppen ihn preisender Engel.

Das Christusbild berührt mich: Als Ausdruck der unendlichen, alles einschließenden Liebe. Sie ist immer da: Auch als Mitgefühl für die Not in den Zeiten der Wende. Aber Christus bleibt nicht allein: Da taucht mein indischer Freund Ganesha mit dem Elefantenkopf auf, der Reisebegleiter und Überwinder von Hindernissen. Er deutet auf seine Eltern Shiva und Parvati, wie sie sich vereinigen und in Paramashiva, dem Einen und Untrennbaren, aufgehen. Auch Rumi scheint da zu sein, die Liebe zum Einen besingend, und Mohammed, der mit feurigem Blick auf die unsichtbare Gegenwart Allahs verweist. Der Himmel ist voll von Wegweisern zum Einen, alle wollen sie an die Gegenwart der Einen Liebe und Weisheit erinnern.

Es geht nur um das Eine, die Wege sind lediglich seine Zubringer. Treten die Wege und ihre Besonderheiten an die Stelle des Wesentlichen, stehen sie letztlich der Erfahrung des Einen entgegen. Mehr noch: Die Besonderheiten der Wege sind es dann, die zur Spaltung führen, zur Begründung von Gewalt und Krieg.

Interreligiöse Gespräche sind wichtig, damit die Religionen in Verbindung bleiben: Gleich den multilateralen Gesprächen in der Politik sind sie aber in ihrer Reichweite begrenzt; denn die Gesprächsteilnehmer wollen von vorneherein an der Verwurzelung in ihren Besonderheiten festhalten. Frieden zwischen den Religionen kann es erst geben, wenn sie alle – die Institutionen wie die Vertreter der religiösen Wege – ihre Relativität im Verhältnis zum Absoluten ganz akzeptiert haben: Wenn sie sich als gleich gültig sehen.

Wollen wir auf die Bewusstwerdung der Religionen warten? Vielleicht werden sie dazu noch mehr Zeit brauchen als die Menschheit für die ihre?

Denn die Wege zum Einen sind kürzer als es die Religionen lehren. Eigentlich gibt es sie gar nicht und auch nichts zu suchen. Das Eine ist nah, war niemals fern: Der Urgrund des Spiels von Licht und Schatten. – Hier! – Da! – Wo nicht?

Anhang:
Anregungen zur spirituellen Praxis

1 Big Mind

Der vom amerikanischen Zen-Meister Genpo Roshi entwickelte Big-Mind-Prozess führt direkt zur Seinserfahrung – Big Mind – und darüber hinaus; denn die Erfahrung der ursprünglichen Verbundenheit will im tätigen Lebens fruchtbar werden.

Der nachfolgende Ausschnitt aus dem Prozess soll aufzeigen, wie nahe die Erfahrung des Urgrundes liegt; für alle, die ernsthaft danach fragen. Ich benutze dazu die Form eines fiktiven Gesprächs, wie ich es auch in Wirklichkeit mit Menschen führe, die oft über keinerlei Meditationserfahrung verfügen.

Hans: Wie in jedem Menschen sind in dir, Franz, zahlreiche Persönlichkeitsaspekte lebendig. Sie ermöglichen Dir, in dieser materiellen Welt – in der Dualität – zu leben. Gleichzeitig ist in Dir wie in allen anderen auch der eine, ungeteilte Urgrund gegenwärtig. Was immer wir sehen und erfahren können, ist Manifestation dieses einen Seins. Wenn ich nun im Laufe der nächsten Viertelstunde einzelne dieser dualen und nicht-dualen Aspekte anspreche, magst Du diese jeweils bitten, in Dir aufzuleben, um Dich dann ganz tief mit Ihnen zu verbinden. Du wirst dann nicht mehr als Franz antworten, sondern als der jeweils gegenwärtige Aspekt Deines Wesens. Bleibe dabei ganz entspannt und spontan; es geht nicht um höhere Wissenschaft, sondern um die einfache, direkte Erfahrung.

Hans: Wenn Du, Franz, keine Fragen mehr hast, bitte ich nun die Stimme der Kontrollinstanz in Dir, sich zu manifestieren. Nimm' Dir Zeit, um Dich ganz innig mit der Kontrollinstanz zu verbinden und – wenn es so weit ist – sage mir: Mit wem spreche ich?

Kontrollinstanz: Mit der Kontrollinstanz von Franz.

Hans: Was ist Deine Aufgabe?

Kontrollinstanz: Zu kontrollieren.

Hans: Wen kontrollierst Du und wie tust Du das?

Kontrollinstanz: Ich kontrolliere Franz und sorge dafür, dass er seine Pflichten erfüllt und seine Termine einhält. Ich bin verantwortlich dafür, dass er gut ankommt, Erfolg hat. Eigentlich bin ich es, die alles unter Kontrolle hat.

Hans: Was wäre denn mit Franz, wenn es Dich nicht gäbe?

Kontrollinstanz: Es ist gar nicht auszudenken: Er wäre absolut verloren, würde untergehen.

Hans: Angenommen, Du hättest Franz völlig unter Kontrolle: Würdest Du dann einfach die Hände in den Schoß legen und es genießen?

Kontrollinstanz: Oh nein. Dann gäbe es ja noch seine Umgebung zu kontrollieren: seine Familie, seine Freunde. Meine Arbeit wird nie ausgehen.

Hans: Denkst Du, dass Franz über Dein Wirken immer glücklich ist? Lehnt er sich nie auf?

Kontrollinstanz: Manchmal ist er unvernünftig und will neue Erfahrungen machen. Aber es wäre verantwortungslos: Die Dinge könnten außer Kontrolle geraten. Er muss seine Grenzen haben; sollte er sie jemals überschreiten, werden ihm meine verlässlichen Verbündeten – der Kritiker oder das schlechte Gewissen – einen gehörigen Dämpfer aufsetzen.

Hans: Danke! Respekt! – Darf ich Dich jetzt bitten, zur Seite zu treten, damit ich noch mit anderen Aspekten sprechen kann, die zum Leben von Franz beitragen? Danke für die Zustimmung! So bitte ich nun den Aspekt des Suchers zu erscheinen.

Löse Dich, Franz, aus der Verbindung mit der Kontrollinstanz durch ein leichtes Schütteln Deines Körpers und verbinde Dich mit dem Sucher. Gib' mir ein Zeichen, wenn er bereit ist.

Hans: Mit wem spreche ich und was ist Deine Funktion?

Sucher: Ich bin der Sucher und meine Aufgabe ist, zu suchen; unablässig und immerfort: Neue Informationen, neue Bekannte, auch neue Erfahrungen und Erkenntnisse.

Hans: Denkst Du, dass Du einmal zur Ruhe kommen wirst – oder dass Franz gerne zur Ruhe kommen und das Gefundene genießen möchte?

Sucher: Wenn ich etwas gefunden habe, gehe ich gleich weiter zum Neuen. Franz werde ich einfach anstacheln, wenn er es sich bequem macht. Er würde sonst stehen bleiben; das wäre nicht gut für ihn, und ich wäre ohne Arbeit. Notfalls rufe ich andere Stimmen – den Kritiker, das schlechte Gewissen oder die Kontrollinstanz – zu Hilfe.

Hans: Danke! Jetzt würde ich gerne mit dem Sucher des Weges sprechen. Franz, bewege Dich, um Dich zu lösen, und verbinde Dich mit der neuen Stimme.

Hans: Sucher des Weges, wer bist Du und worin unterscheidest Du Dich vom Sucher?

Sucher des Weges: Mir geht es ausschließlich um das Wesentliche, nicht um kurzfristige Freuden oder Genuss. Manchmal will mich Franz einfach nicht hören – oder er läuft haarscharf daran vorbei, wo er hin sollte, und bleibt an den oberflächlichen Annehmlichkeiten hängen.

Hans: Wie denkst denn Du, dass Du das Wesentliche findest?

Sucher des Weges: Meine Arbeit ist es, zu suchen. Die Wege sind so verzweigt und beschwerlich, dass man sich leicht verirrt. Da liegt es an mir, hartnäckig dabei zu bleiben und immer wieder von neuem zu suchen. Das ist ziemlich anstrengend, aber das ist nun einmal meine Aufgabe.

Hans: Was geschähe mit Dir, wenn Franz das Wesentliche fände? Würdest Du dann noch gebraucht?

Sucher des Weges: Das habe ich noch nie bedacht. Auf jeden Fall würde ich weiter suchen. Es gibt ja bestimmt immer noch mehr zu suchen.

Hans: Danke, Sucher des Weges! Verabschiede Dich, Franz, von ihm durch ein Bewegen Deines Körpers und bitte die Stimme dessen, der nichts sucht, zu erscheinen. Lass' Dir Zeit, Dich in der Stille ganz tief mit dem Aspekt Deines Wesens, der nichts sucht, zu verbinden.

Hans: Du, der nichts sucht, erzähl' mir von Dir! Wie groß bist Du? Hast Du – zeitlich Anfang und Ende – Geburt und Tod?

Der, der nichts sucht: Ich bin unendlich weit. Grenzenlos. Zeitlos. Ohne Anfang und Ende.

Hans: Was alles kannst Du umarmen? Gibt es etwas, das Du nicht magst oder fürchtest?

Der, der nichts sucht: Ich umarme alles, was ist, ohne Ausnahme. Vom Hellsten bis zum Dunkelsten. Nichts macht mir Angst. Nichts gibt es, das mich anzieht; auch nichts, das mich zurückstößt. Alles entsteht aus mir. Alles vergeht in mir.

Hans: Und Dein Ich, der Franz: Ist er eine Ausnahme? Er hat Dich gesucht, seit Ewigkeiten. Warum hat er Dich nicht gefunden?

Der, der nichts sucht: Natürlich ist Franz Teil von mir. Er hat mich auf unzähligen Wegen gesucht; nur nicht da, wo ich bin und immer schon war. Es gibt keinen Weg zu mir. Ich bin.

Hans: Wie geht es Franz jetzt? Magst Du den Arm um ihn legen? Und ihm sagen, dass Du immer da bist? Kannst Du ihm die Rolle seiner inneren Aspekte oder Stimmen erklären?

Der, der nichts sucht: Spüre meine Gegenwart. Lasse sie tief in Deine Zellen einsinken, damit Du mich nie mehr vergisst! Die Kontrollinstanz und die anderen Stimmen der dualen Welt müssen ihre Rolle und ihren Platz finden. Indem Du mit ihnen sprichst, verlieren sie ihre Macht über Dich wie auch ihre destruktive Seite und werden zu wertvollen Verbündeten.

Hans: Darf ich jetzt bitte mit dem Ich sprechen? Franz, wie geht es Dir jetzt?

Franz: –

Hans: Du hast die Wirklichkeit des einen Seins – Big Mind – erfahren. Wirst Du es in seinem ganzen Ausmaß je begreifen, erfassen können?

Franz: Es ist riesig, unfassbar. – Ein Zustand auch, aus dem ich nicht im Alltag handeln könnte.

Hans: Was geschähe, wenn Dein Ich sich mit ihm verwechseln, sich mit ihm identifizieren würde?

Franz: Ich würde wohl zerplatzen, wie ein aufgeblähter Ballon. Es geht wohl mehr darum, mich dem Umfassenderen hinzugeben und aus seiner Umsicht zu leben und zu handeln.

Hans: Dann hast Du etwas über Deine Rolle in dieser Welt verstanden?

Franz: Als Franz weiter zu leben, wissend um das tiefe Sein, dessen Ausdruck ich bin – als Teil der manifestierten Schöpfung; in Bescheidenheit und aus einem vollen Herzen, das ich teilen will.

Hans: Löse Dich von der Erfahrung. Du kannst jederzeit wieder zurückkommen; am leichtesten, indem Du die Stimme dessen, der nichts sucht, bittest, Dich in sich aufzunehmen.

Wenn diese abgekürzte innere Reise einen Geschmack von den Möglichkeiten des Big-Mind-Prozesses vermittelt hat und Sie mehr darüber erfahren möchten, empfehle ich die beiden DVDs

– in englischer Sprache – sowie das Buch „Big Mind, Big Heart" – deutsche Ausgabe in Vorbereitung – sowie die Workshops von Genpo Roshi.[45]

Die Erfahrung des Seins ist nur der Anfang. Dass wir uns darin nicht selbst blockieren, ist wichtig. Hier findet der Sucher des Wegs wieder seine positive Rolle, weil ihm verharren zuwider ist. Es geht jetzt um die Hingabe an das Sein und darum, dessen Weisheit und Liebe immer konkreter im Alltag zu leben.

Dabei hilft die im nächsten Abschnitt beschriebene Technik zur Wandlung der Emotionen.

---

45 Im März 2008 erscheint die deutsche Übersetzung des Buches „Big Mind" von Genpo Roshi bei Aurum in J. Kamphausen. Weitere Informationen unter: www.weltinnenraum.de

2 Die Wandlung der Emotionen

Die alltäglichen Geschehnisse vermögen immer wieder, unsere ungeliebten, im Unbewussten schlummernden Schattenaspekte zu beleben. Oft wirkt es, wie wenn sich dann die Schatten ins Bewusstsein drängten, um erlöst zu werden: Wenn wir sie annehmen und verstehen, können sie sich zu wertvollen Begleitern wandeln.

- Setzen Sie sich bequem auf einen Stuhl mit fester Sitzfläche, die Füße flach auf dem Boden. Verankern Sie sich mit den Sitzbeinhöckern auf der Sitzfläche und richten sie aus dieser Kraft die Wirbelsäule vom Steißbein bis zum Hinterkopf auf. Die Hände legen Sie entweder mit den Handrücken nach unten auf die Oberschenkel oder so ineinander, dass die linke Hand in der rechten ruht und die Daumenspitzen sich berühren. Schließen Sie die Augen oder richten sie den Blick gelöst auf eine Stelle am Boden.
- Nehmen Sie ein paar tiefe Atemzüge. Entspannen Sie beim Ausatmen nacheinander Nacken, Schultern, Brust, Rücken, Arme und Hände, den Beckenbereich, die Ober- und Unterschenkel, die Füße bis in die Zehen.
- Atmen Sie tief ein und halten den Atem an. Lösen Sie sich von der Vorstellung, „unter Kontrolle zu sein" und lassen Sie anfällige Spannungen in den Muskeln und Gelenken mit dem Ausatmen ziehen. Kehren Sie zur normalen Atmung zurück.
- Atmen Sie nochmals tief ein und halten Sie den Atem an. Spüren Sie in Ihr Sonnengeflecht (Magengrube) und lassen Sie anfällige Zweifel, Sorgen und Ängste mit einer tiefen Ausatmung ziehen. Kehren Sie dann zur normalen Atmung zurück.

- Wiederholen Sie die tiefe Einatmung. Halten Sie den Atem an. Lösen Sie sich von der Gedankentätigkeit und lassen Sie die angefangenen Gedanken mit einer tiefen Ausatmung ziehen.
- Richten Sie Ihre Wahrnehmung wieder auf den freien Puls des Atems – auf sein Kommen und Gehen – ohne ihn willentlich zu beeinflussen.
- Stellen Sie sich vor, dass Sie mit dem Einatmen die Lebensenergie einziehen: Aus der Weite des Raums, oberhalb Ihrer Schädeldecke, bis hinunter in den Raum des Beckenbodens.
- Beim Ausatmen schicken Sie die Energie noch weiter nach unten: Bis tief ins Zentrum der Erde. Nehmen Sie wahr, wie gleichzeitig ein Gegenstrom von Energie – aus der Erdmitte herauf, durch Ihre Wirbelsäule und über Ihre Schädeldecke hinaus – weit in die Unendlichkeit fließt.
- Sehen Sie den gegenläufigen Strömen zwischen Himmel und Erde zu, wie sie sich im ständigen Auf und Ab durch Ihre Wirbelsäule bewegen.
- Nun verlegen Sie die Aufmerksamkeit in den Brustraum. Spüren Sie, wie er sich weitet und wie die einströmende Energie Ihr Herzzentrum sanft umspielt?
- Stellen Sie sich jetzt einen *horizontal* fließenden Energiestrom vor. Er verbindet die vor Ihnen liegende Außenwelt durch Ihren Herzraum hindurch mit einem (vorgestellten) Raum hinter Ihrem Rücken, der von unendlicher unbedingter Liebe erfüllt ist.
- So atmen Sie für eine Weile die Energie der vor Ihnen liegenden Außenwelt ein – durch den Herzraum hindurch – in den Raum der unbedingten Liebe. Beim Ausatmen teilen Sie die Fülle des vorurteilsfreien Mitgefühls mit der Außenwelt. Lassen Sie die Energie durch den weit geöffneten Herzraum fließen.

Jetzt sind Sie bereit für die innere Auseinandersetzung mit aufkeimenden eigenen Missstimmungen oder äußeren Herausforderungen, die Ihre Emotionen und Gedanken in Bewegung setzen. Je nach Situation gehen Sie wie folgt vor:

- Stellen Sie sich Ihr in Emotionen oder zwingende Gedanken verwobenes ICH vor und nehmen es vorurteilslos ans Herz. Atmen Sie die Gefühle und Gedanken ein – bis in den hinter Ihnen liegenden Raum der unbedingten Liebe. Indem Sie ausatmen, umgeben Sie das Bild Ihres ICH mit bedingungslosem Mitgefühl. Bleiben Sie dabei, bis Sie spüren, wie „es" sich lockert.
- Wenn eine Situation bzw. eine vergangene oder bevorstehende Begegnung emotionalen Stress auslöst – Angst, Wut, Lähmung, Trauer – atmen Sie die Emotion durch den Herzraum in den Raum der unbedingten Liebe ein und bringen mit dem Ausatmen bedingungsloses Mitgefühl zurück. Bleiben Sie dabei, bis die Emotion sich auflöst und Sie mit klaren Herzen und Verstand wahrnehmen können, was die Situation von Ihnen braucht.

Sind Sie darin noch wenig geübt, bietet sich der hier beschriebene Prozess zur Nachbearbeitung von emotional geprägten Situationen oder Begegnungen in einem stillen Augenblick an. Es ist auch gut möglich, sich in gleicher Weise auf Situationen vorzubereiten, denen ein emotionales Potenzial innewohnt. Mit zunehmender Übung wird es gelingen, aufkeimende Emotionen frühzeitig wahrzunehmen und sie – mitten im Alltag – am Herzen zu transformieren, bevor sie unser Denken, Fühlen und Handeln bestimmen.

3 Yoga Nidra

Yoga Nidra ist eine einfach zu erlernende Technik der körperlichen, emotionalen und mentalen Entspannung bei hellwachem Bewusstsein. Yoga Nidra schult dabei auch die Wachheit des inneren Beobachters oder Zeugen. Dessen Klarheit ist entscheidend, um innere Impulse ebenso wie aufkeimende Emotionen im Alltag frühzeitig wahrnehmen und unterscheiden zu können. Die nachfolgende Beschreibung einer persönlichen Erfahrung kann durch Buch und CD[46] ergänzt und vertieft werden.

Meine ersten Begegnungen mit Yoga Nidra fanden in Indien während einer zweiwöchigen Ayurveda-Kur statt: Jeweils als Abschluss der frühmorgendlichen Hatha Yoga-Übungen sowie später am Vormittag als eigenständige Praxis des Yoga Nidra.

Zurück im Westen hatte ich mich von der Gewöhnung an die äußeren, paradiesischen Umstände erst wieder zu lösen: Wichtig ist es, die Übung in einem von der alltäglichen Hektik abgeschirmten Raum zu praktizieren, bei gedämpftem Licht und einer angenehmen Raumtemperatur, allenfalls unter dem Schutz einer leichten Decke; immer mit leerem Magen, mindestens drei Stunden nach der letzten Mahlzeit.

In Indien fanden wir uns als kleine Gruppe in einem nach allen Seiten geöffneten Pavillon, umgeben von den natürlichen Geräuschen der Natur und eines ländlichen Lebens. Wir lagen, bequem bekleidet, auf Matten oder Wolldecken in der Shavasana-Stellung des Hatha Yoga: Rückenlage, den Kopf nötigenfalls leicht unterlegt, die Wirbelsäule gerade ausgerichtet, die Arme etwas vom Körper entfernt und mit nach oben gekehrten Handflächen

---

46 Paramahansa Satyananda: *Yoga Nidra*. Buch. Köln. 2007
do.: *Yoga Nidra*, Übungs-CD I – III, Köln

ausgestreckt, die Beine ebenfalls gerade ausgestreckt mit etwa 40 cm Zwischenraum, damit sich die Oberschenkel nicht berühren.

Ravi, der uns anleitende Lehrer, erklärte, dass wir seinen Anweisungen folgen sollten, die unser Bewusstsein in relativ schneller Bewegung halten würden: Die Rotation der Aufmerksamkeit durch wechselnde Bilder und Bewusstseinszustände ist wesentlich, das längere Verweilen bei Bildern oder die Konzentration auf Vorstellungen hingegen ebenso wenig erwünscht wie das Versinken in einen Dämmerzustand oder das Abdriften in Träumereien. Wir sollten nicht versuchen, in die Tiefe zu gehen, sondern auf entspannte Weise spontan und beweglich bleiben.

Dann, nach einer Ermahnung, den Körper möglichst nicht mehr zu bewegen und die Augen während der ganzen Übung geschlossen zu halten, ertönte in sachlichem Ton die Erklärung Ravis: *„Yoga Nidra hat begonnen."* Und weiter ging es:

- Nimm einige tiefe Atemzüge und lasse alles an Gedanken und Anspannung wegfließen, das Du nicht mehr brauchst. Folge einfach meinen Instruktionen, ohne Dir darüber Gedanken zu machen.
- Nun bringe die Entspannung in Deinen Körper und spüre das Aufliegen Deines Körpers auf dem Boden, den Kontakt mit der Unterlage. Sage zu Dir selbst, dass Du jetzt Yoga Nidra übst.
- Wir beginnen mit der Rotation des Bewusstseins durch das Hören: Wechsle rasch von Geräuschquelle zu Geräuschquelle: Von den Entfernteren – Natur, Verkehr – zu den Näheren, dem eigenen Atem, dem Schlagen des Herzens.
- Stelle Dir vor, wie Dein Körper jetzt in den Boden einsinkt, spüre die Wärme der ihn umgebenden Erde. Dann hebt er sich wieder auf die Erde, wird ganz leicht, wie ein Blatt im Wind.

- Wir rotieren jetzt durch wechselnde innere Bilder. Nimm sie auch körperlich wahr: Von der Sonne beschienene Schneelandschaft. Rauschender Eichenwald. Stürmischer Meeresstrand. Menschenleere Wüste. Sternenübersäter Nachthimmel. Freundliches Götter- oder Heiligenbild. Sonnenuntergang hinter der Weite des Ozeans. Vollmondnacht.
- Nun rotiert unsere Aufmerksamkeit durch den Körper. Berühre die angesprochenen Körperteile kurz mit Deiner Wahrnehmung:
  - Rechte Körperseite: Daumen, Zeigefinger, Mittelfinger, Ringfinger, kleiner Finger, Handinnenfläche, Außenseite, ganze Hand, Handgelenk, Unterarm, Ellbogen, Oberarm, Schultergelenk, Armhöhle, Flanke, Hüfte, Oberschenkel, Kniescheibe, Kniekehle, Wade, Schienbein, Knöchel, Ferse, Sohle, Rist, großer Zeh, zweiter Zeh, dritter Zeh, vierter Zeh, kleiner Zeh
  - Linke Körperseite: Daumen, Zeigefinger, Mittelfinger, Ringfinger, kleiner Finger, Handinnenfläche, Außenseite, ganze Hand, Handgelenk, Unterarm, Ellbogen, Oberarm, Schultergelenk, Armhöhle, Flanke, Hüfte, Oberschenkel, Kniescheibe, Kniekehle, Wade, Schienbein, Knöchel, Ferse, Sohle, Rist, großer Zeh, zweiter Zeh, dritter Zeh, vierter Zeh, kleiner Zeh
  - Jetzt zum Rücken: Rechte und linke Seite des Po; rechtes und linkes Schulterblatt; die Wirbelsäule vom Steißbein über Kreuzbein, Lendenwirbel, Brustwirbel, Nackenwirbel, Halswirbel, Hinterkopf
  - Jetzt zur Schädeldecke und weiter zu Stirn, Augenbrauen, Augenlidern, Augenball, Backenknochen, Gesichtsseiten bis zu den Ohren, Nasenrücken, Nasenflügel, Nasenspitze, Oberlippe, Unterlippe, Zunge, Kehle, Kinn, Hals, Brust, Oberbauch, Unterbauch, Intimbereich

- Nimm den Körper wahr, wie er jetzt auf dem Boden liegt. Ruhig atmend. Nimm die Bauchdecke wahr, wie sie sich hebt und senkt mit jedem Atemzug. Zähle jetzt die Atemzüge von 27 rückwärts: 27, Bauchdecke hebt sich. 27, Bauchdecke senkt sich. 26, Bauchdecke hebt sich. 26, Bauchdecke senkt sich. .... Wenn Du Dich verlierst, beginnst Du wieder neu bei 27.

  Meist bevor ich bei 1 angelangt war – es mochten sechs bis acht Minuten vergangen sein – erklang wieder Ravis Stimme:

- Löse Dich jetzt vom Zählen und lasse den Atem wieder frei fließen. Sehe Dich liegen und atmen. Dann lenke die Wahrnehmung auf die äußere Umgebung: Den Boden auf dem Du liegst, die Decke über Dir, die Wände, die anderen Menschen. Beginne langsam, den Körper zu strecken, die Glieder zu bewegen. Nimm Dir Zeit dafür. Wenn Du sicher bist, wieder ganz da zu sein, sitze langsam auf und öffne die Augen.

- Yoga Nidra ist beendet. Hari Om Tat Sat.

Neben dem Training mentaler, psychischer und körperlicher Entspannung ist Yoga Nidra auch eine wunderbare Möglichkeit, bewusste Beschlüsse zu fassen und diese tief in die Weisheit von Körper und Gefühlen einprägen zu lassen.

So pflegte Ravi jeweils nach der ausführlichen Rotation des Bewusstseins durch den Körper die Frage nach wesentlichen Beschlüssen zu stellen, die wir bestärken möchten, und forderte uns dann auf, diese drei Mal so deutlich nach innen mitzuteilen, dass jede Zelle davon wissen würde. Diese Mitteilung nach innen wiederholten wir nach dem Zählen der Atemzüge von 27 nach 1.

Wie weit sich meine Entscheidung, als ein moderner Bodhisattva des 21. Jahrhunderts im Alltag zu leben, durch die tägliche Wiederholung schon verwirklicht hat, wage ich nicht zu beurteilen; hingegen schreibe ich der suggestiven Botschaft an meinen Körper, sein Gewicht auf unter 75 Kilogramm zu reduzieren und dort zu halten, nachhaltige Wirkung zu: In Bezug auf meinen Appetit und die Einhaltung von Essgewohnheiten sowie täglicher innerer und äußerer Bewegung (Hatha Yoga, Yoga Nidra und Gehen), aber wohl auch auf einen Stoffwechsel, der eher dem Gebot des Loslassens folgt als dem des Hortens.

Über den Autor

Hans Jecklin, geboren 1938 in Zürich, war lange Jahre als erfolgreicher Unternehmer im Musikgeschäft tätig. Seit mehr als 30 Jahren beschäftigt sich der Schweizer mit Jungscher Psychologie, verschiedenen Formen der Meditation und spirituellen Traditionen. Er verfügt über eine Ausbildung als Begleiter von spirituell-psychologischen Bewusstseinsprozessen. Seine Erfahrungen als Unternehmer und Praktizierender verschiedener spiritueller Wege bilden die Basis für seine Seminare für Führungskräfte, die Begleitung von Unternehmen und Institutionen auf dem Weg zu einer lebensfördernden Sinnfindung und für die Arbeit mit Einzelpersonen.

Über viele Jahre hinweg engagierte sich Hans Jecklin in verschiedenen Stiftungen, Instituten und gemeinnützigen Projekten, um seiner Vision von der *Einen* Welt Geltung zu verschaffen. 2001 gründete er das Forum für Integrale Wirtschaft, das sich der integralen Persönlichkeits- und Unternehmensentwicklung verschrieben hat. Als Autor verschiedener Buchbeiträge (u.a. „Vom Sachzwang zur Sinnerfüllung" in: „Pioniere für einen neuen Geist in Beruf und Business. Die spirituelle Dimension im wirtschaftlichen Handeln", Hrsg. Joachim Galuska, J.Kamphausen, Bielefeld 2004) entwickelt er das Modell einer Wirtschaft, die spirituelle Impulse integriert und sich nicht als Selbstzweck versteht.

Hans Jecklin ist verheiratet mit der ehemaligen Sängerin Elisabeth Speiser. Die beiden haben zwei Töchter und leben in Autigny in der Schweiz.

www.hansjecklin.ch

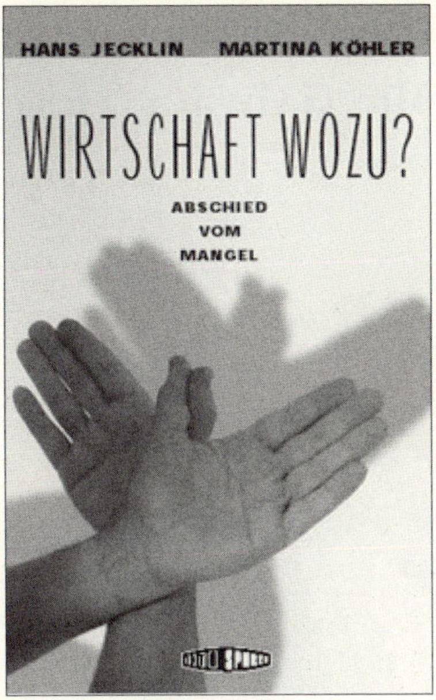

Hans Jecklin und Martina Köhler

Wirtschaft wozu?

Abschied vom Mangel

Um die Wirtschaft dreht sich alles, doch worum dreht sich die Wirtschaft? Ist es der Profit und die Verwaltung von Mangel? Die Kommunikationsbetreuerin Martina Köhler entwickelt zusammen mit dem erfahrenen Schweizer Unternehmer Hans Jecklin die Grundzüge einer integralen Wirtschaft, eines Haushaltens mit der Lebensfülle, bei der sich Innen und Aussen ergänzen und durchdringen. Durch Beispiele aus der Praxis, durch Dialoge und Übungen entsteht die zukunftsweisende Vision einer Synthese von Geld und Geist.

«Ich kann versprechen, dass dieses Buch eine Erfahrung vermittelt, die das Leben des Lesers zu verändern vermag». Ervin Laszlo